Bitkisel Mutfağın Lezzet Şöleni

Sağlıklı ve Yaratıcı Vegan Tariflerle Sofranızı Renklendirin

Aylin Demir

İçindekiler

Giriiş 11
Tereyağlı Marul ve Fıstık Tay Salatası 14
Marul Frenk Soğanı ve Fıstık Salatası 15
Marul Badem ve Vegan Krem Peynir Salatası 17
Boston Marul ve Domates Salatası d 19
Kişniş Soslu Marul ve Domates 21
Karışık Yeşillikler ve Badem Salatası 22
Chervil ve Vegan Ricotta Salatası 23
Bib Marul Ceviz ve Vegan Parmesan Salatası 24
Hindiba Marul Tomatillo ve Vegan Ricotta Salatası 25
Kale Domates ve Vegan Parmesan Salatası 26
Ispanaklı Tomatillos ve Badem Salatası 27
Kale Domates ve Badem Salatası 29
Karışık Yeşil Badem ve Vegan Ricotta Salatası 31
Hindiba Domates ve Badem Salatası 32
Kale Tomatillo ve Badem Salatası 34
Escarole Badem ve Domates Salatası 35
Hindiba Tomatillo ve Badem Salatası 37
Bib Marul Badem ve Kiraz Domates Salatası 38

Ispanaklı Tomatillos ve Vegan Parmesan Salatası 40
Kale Domates ve Vegan Parmesan Peynirli Salata 41
Karışık Yeşillikler Tomatillo ve Vegan Ricotta Peynirli Salata 43
Escarole Badem ve Vegan Ricotta Peynirli Salata............................ 44
Hindiba Domates ve Badem Salatası 45
Ispanaklı Kabak ve Badem Salatası 47
Kale Salatalık Tomatillo ve Tofu Ricotta Salatası............................. 48
Karışık Yeşil Badem ve Tofu Ricotta Salatası 50
Kale Domates ve Vegan Parmesan Peynirli Salata 52
Chervil Domates ve Vegan Parmesan Peyniri Salatası..................... 54
Bib Marul Tomatillo ve Tofu Ricotta Peynir Salatası....................... 56
Ispanaklı Domates & Badem Salatası 59
Napa Lahana Tomatillo ve Vegan Parmesan Peyniri Salatası 61
Hindiba Tomatillo ve Badem Salatası.. 62
Kale Domates ve Tofu Ricotta Peynir Salatası 64
Napa Lahana Domates ve Tofu ricotta Peynir Salatası.................... 66
Bebek Pancar Yeşilleri Tomatillos ve Vegan Peynir Salatası........... 67
Süper Basit Romaine Marul Salatası.. 69
Kolay Bib Marul Salatası 70
Kolay Boston Salatası... 71
Kolay Karışık Yeşillik Salatası... 72
Bib Marul Salatası... 73
Balzamik Sır ile Boston Marul Salatası.. 74
Basit Hindiba Salatası 75

Karışık Yeşillik Salatası	76
Boston Marul ve Fıstık Salatası	77
Balzamik Sır ile Boston Marul	78
Ceviz Soslu Bib Marul	79
Fındık Soslu Romaine Marul	80
Badem Soslu Karışık Yeşillikler Salatası	81
Fıstık ve Balzamik Vinaigrette Salata ile Hindiba	82
Kaju Soslu Bib Marul	83
Ceviz Soslu Romaine Marul Salatası	84
Badem Soslu Karışık Yeşillikler Salatası	85
Kaju Soslu Romaine Marul Salatası	87
Fındık Soslu Hindiba Salatası	88
Fıstık Vinaigrette Salata ile Bib Marul	89
Grilles Boston Marul Salatası	90
Izgara Romaine Marul Salatası	91
Izgara Romaine Marul ve Kaju Vinaigrette Salatası	92
Izgara Romaine Marul ve Badem Vinaigrette Salatası	93
Kaju Soslu Izgara Napa Lahanası	94
Izgara Boston marul ve Kaju Vinaigrette Salatası	95
Izgara Romaine Marul ve Yeşil Zeytin Salatası	96
Izgara Bib Marul ve Yeşil Zeytin Salatası	97
Izgara Romaine Marul ve Yeşil Kapari Salatası	98
Izgara Romaine Marul ve Kapari Salatası	99
Izgara Boston ve Siyah Zeytin Salatası	100

Izgara Romaine Marul ve Kalamata Zeytin Salatası 101

Yeşil Zeytin ve Fıstık Soslu Romaine Marul 102

Romaine Marul Kapari ve Badem Sosu 103

Enginar Kalbi ve Kaju Soslu Boston Marulu 104

Balzamik Sır ile Enginar ve Enginar Kalbi 105

Ceviz Soslu Enginar ve Yeşil Zeytin 106

Siyah Zeytin ve Enginar Kalbi ile Romaine Marul 107

Siyah Zeytin Salatalı Enginar Kalbi 108

Boston Marul Siyah Zeytin ve Enginar Kalbi Salatası 109

Macadamia Vinaigrette Salatası ile Enginar Kalbi ile Romaine Marul 111

Bib Marul Siyah Zeytin ve Enginar Kalbi Salatası 112

Elma Sirkeli Soslu Boston Marulu 113

Enginar Kalbi ve Kaju Vinaigrette Salatası ile Romaine Marul 114

Romaine Marul Enginar Kalbi ve Yeşil Zeytin Salatası 115

Bib Marul Kalamata Zeytin ve Enginar Kalbi Salatası 116

Romaine Marul Bebek Mısır ve Enginar Kalbi Salatası 117

Boston Marul Bebek Havuç ve Enginar Kalbi Salatası 118

Romaine Marul Siyah Zeytin ve Bebek Mısır Salatası 119

Romaine Marul ve Ceviz Soslu Bebek Havuç Salatası 120

Kapari ve Enginar Kalbi Salatası ile Boston Marul 121

Romaine Marul Yeşil Zeytin ve Macadamia Soslu Enginar Kalbi 122

Bib Marul Zeytin ve Ceviz Vinegret Salata ile Bebek Havuç 123

Bebek Mısır Salatası ile Romaine Marul 124

Romaine Marul Kırmızı Soğan ve Enginar Kalbi, Fıstık Vinaigrette Salatası ile 125

Boston Marul Siyah Zeytin ve Bebek Mısır, Badem Soslu Salata .127

Hindiba ve Yeşil Zeytin Salatası 128

Karışık Yeşillik Zeytin ve Enginar Kalbi Salatası 129

Boston Marul ve Enginar Kalbi Salatası 130

Izgara Kabak Kuşkonmaz ve Patlıcan Salatası 131

Izgara Hindiba ve Patlıcan Salatası 133

Izgara Mangolu Elma ve Brüksel Lahanası Salatası 135

Izgara Patlıcan ve Mango Salatası 137

Izgara Kale Ananas ve Patlıcan Salatası 140

Izgara Karnabahar ve Domates Salatası 142

Izgara Kale ve Yeşil Fasulye Salatası 144

Izgara Fasulye ve Karnabahar Salatası 146

Izgara Patlıcan Havuç ve Su Teresi Salatası 148

Izgara Havuç Hindiba ve Su Teresi Salatası 151

Izgara Patlıcan ve Bebek Havuç Salatası 153

Izgara Su Teresi Bebek Havuç ve Yeşil Fasulye Salatası 155

Izgara Mısır ve Enginar Salatası 157

Izgara Marul Enginar Kalbi ve Mısır Salatası 159

Izgara Kırmızı Lahana ve Vişne Salatası 161

Izgara Karnabahar Bebek Havuç ve Su Teresi Salatası 164

Izgara Boston Marul ve Kabak Salatası 166

Izgara Napa Lahana Enginar Kalbi ve Boston Marul Salatası 168

Baharatlı Izgara Enginar Kalbi Salatası 170

Izgara Ananas ve Mango Salatası 172

Tropikal Karnabahar Salatası 174

Izgara Romaine Marul ve Mango Salatası 176

Izgara Elma ve Lahana Salatası 178

Izgara Patlıcan Vişne ve Ispanak Salatası 180

Izgara Napa Lahana Patlıcan ve Enginar Kalbi 183

Izgara Su Teresi ve Domates Salatası 185

Izgara Su Teresi ve Karnabahar Salatası 187

Izgara Karnabahar Brüksel Lahanası ve Su Teresi Salatası 189

Izgara Domates ve Şeftali Salatası 191

Izgara Kabak Şeftali ve Kuşkonmaz Salatası 193

Izgara Kale ve Domates Salatası 195

Izgara Kale ve Karnabahar Salatası 198

Ballı Elma Vinaigrette Izgara Patlıcan ve Karalahana 200

Balzamik Soslu Izgara Karalahana ve Karnabahar Salatası 202

Izgara Ananas ve Patlıcan Salatası 204

Izgara Mango Elma ve Kabak Salatası 206

Izgara Mangolu Elma ve Balzamik Soslu Domates Salatası 208

Izgara Brokoli ve Yeşil Fasulye Salatası 210

Izgara Ispanak ve Patlıcan Salatası 213

Izgara Havuç Su Teresi ve Lahana Salatası 215

Izgara Boston Marul Havuç ve Su Teresi Salatası 217

Izgara Mısır ve Lahana Salatası 219

Giriiş

Veganlık her yaş ve cinsiyete göre uyarlanabilen bir beslenme şeklidir. Araştırmalar, vegan diyetine devam etmenin kolesterol düzeylerini düşürmeye yardımcı olabileceğini göstermiştir. Ayrıca diyet yapan kişinin tip 2 diyabet, kalp hastalığı, hipertansiyon ve belirli kanser türleri gibi belirli hastalık türlerinden kaçınmasına yardımcı olur.

Her zaman olduğu gibi, adım adım ilerleyerek kademeli olarak başlamak isteyeceksiniz. Çoğu diyet, kişi çok fazla şey yapmaya çalıştığında ve çok yakında çok şey beklediğinde başarısız olur. Diyete başlamanın en iyi yolu, diyet yapan kişinin uzun vadede bu yeni yaşam tarzına uyum sağlamasına yardımcı olmak için küçük adımlar atmaktır. Bu adımlardan bazıları, etin ve herhangi bir hayvansal ürünün her seferinde bir öğün çıkarılmasını içerir. Ayrıca günün belirli öğünlerinde etten kaçınabilirsiniz.

Vegan bir yaşam tarzına sahip olma yolculuğunuzda atabileceğiniz bir diğer adım, benzer düşünen insanlarla takılmaktır. Forumlarda ve özellikle gruplarda veganlarla zaman geçirin. Bu, en iyi uygulamaları öğrenmenize ve uyarlamanıza, ayrıca düşüncelerinizi ve fikirlerinizi diğer veganlarla paylaşmanıza yardımcı olur.

Pek çok insan, et ve süt ürünlerinin bulunmaması nedeniyle veganların diyetlerinde çeşitlilikten yoksun olduğuna inanıyor.

Hiçbir şey gerçeklerden daha fazla olamaz. Vegan bir diyete sahip olmak, aslında kişinin çok çeşitli meyve, sebze, tahıl, tohum ve bakliyatları denemeye başlamasıyla daha geniş bir yiyecek yelpazesini deneyimlemesine olanak tanır. Bu tür yiyecekler, et ve süt ürünlerinde bulunmayan mikro besinler ve lif ile doldurulur.

Birçoğu, vegan bir diyetin protein ve kalsiyum gibi belirli makro besinlerden ve minerallerden yoksun olduğuna, ancak et ve süt ürünlerinin kolayca yerini alabilecek daha geniş bir sebze ve fasulye yelpazesi olduğuna inanmaya yönlendirildi. Örneğin tofu, protein açısından zengindir.

Tereyağlı Marul ve Fıstık Tay Salatası

İçindekiler:

8 ons vegan peynir

6 ila 7 bardak tereyağlı marul, 3 demet, kesilmiş

1/4 salatalık, uzunlamasına ikiye bölünmüş, ardından ince dilimlenmiş

3 yemek kaşığı kıyılmış frenk soğanı

16 çeri domates

1/2 su bardağı fıstık

1/4 beyaz soğan, dilimlenmiş

Tatmak için biber ve tuz

Pansuman

1 küçük arpacık soğan, kıyılmış

2 yemek kaşığı damıtılmış beyaz sirke

1/4 su bardağı susam yağı

1 yemek kaşığı. Tay biber sarımsak sosu

hazırlık

Tüm pansuman malzemelerini bir mutfak robotunda birleştirin.

Malzemelerin geri kalanıyla atın ve iyice birleştirin.

Marul Frenk Soğanı ve Fıstık Salatası

İçindekiler:

7 bardak gevşek yaprak marul, 3 demet, kesilmiş

1/4 Avrupa veya çekirdeksiz salatalık, uzunlamasına ikiye bölünmüş, sonra ince dilimlenmiş

3 yemek kaşığı kıyılmış veya kıyılmış frenk soğanı

16 üzüm

1/2 bardak antep fıstığı

1/4 soğan, dilimlenmiş

Tatmak için biber ve tuz

6 ons vegan peynir

Pansuman

1 dal maydanoz, kıyılmış

1 yemek kaşığı damıtılmış beyaz sirke

1/4 limon, suyu sıkılmış, yaklaşık 2 çay kaşığı

1/4 su bardağı sızma zeytinyağı

hazırlık

Tüm pansuman malzemelerini bir mutfak robotunda birleştirin.

Malzemelerin geri kalanıyla atın ve iyice birleştirin.

Marul Badem ve Vegan Krem Peynir Salatası

İçindekiler:

7 su bardağı frisee marul, 3 demet, kesilmiş

½ salatalık, boyuna ikiye bölünmüş, sonra ince dilimlenmiş

3 yemek kaşığı kıyılmış veya kıyılmış frenk soğanı

16 çeri domates

1/2 su bardağı dilimlenmiş badem

1/4 kırmızı soğan, dilimlenmiş

Tatmak için biber ve tuz

7 ons vegan krem peynir

Pansuman

1 küçük arpacık soğan, kıyılmış

1 yemek kaşığı damıtılmış beyaz sirke

1/4 limon, suyu sıkılmış, yaklaşık 2 çay kaşığı

1/4 su bardağı sızma zeytinyağı

1 yemek kaşığı. Chimichurri Sos

hazırlık

Tüm pansuman malzemelerini bir mutfak robotunda birleştirin.

Malzemelerin geri kalanıyla atın ve iyice birleştirin.

Boston Marul ve Domates Salatası d

İçindekiler:
6 ila 7 bardak Boston marulu, 3 demet, kesilmiş
1/4 salatalık, uzunlamasına ikiye bölünmüş, ardından ince dilimlenmiş
3 yemek kaşığı kıyılmış veya kıyılmış frenk soğanı
16 çeri domates
1/2 su bardağı dilimlenmiş badem
1/4 kırmızı soğan, dilimlenmiş
Tatmak için biber ve tuz
5 ons vegan peynir

Pansuman
1 dal maydanoz, kıyılmış
1 yemek kaşığı damıtılmış beyaz sirke
1/4 limon, suyu sıkılmış, yaklaşık 2 çay kaşığı
1/4 su bardağı sızma zeytinyağı

hazırlık
Tüm pansuman malzemelerini bir mutfak robotunda birleştirin.

Malzemelerin geri kalanıyla atın ve iyice birleştirin.

Kişniş Soslu Marul ve Domates

İçindekiler:

6 ila 7 bardak buzlu marul, 3 demet, kesilmiş

1/4 salatalık, uzunlamasına ikiye bölünmüş, ardından ince dilimlenmiş

3 yemek kaşığı kıyılmış veya kıyılmış frenk soğanı

16 çeri domates

1/2 su bardağı dilimlenmiş badem

1/4 beyaz soğan, dilimlenmiş

Tatmak için biber ve tuz

8 ons vegan peynir

Pansuman

1 dal kişniş, kıyılmış

1 yemek kaşığı damıtılmış beyaz sirke

1/4 limon, suyu sıkılmış, yaklaşık 2 çay kaşığı

1/4 su bardağı sızma zeytinyağı

hazırlık

Tüm pansuman malzemelerini bir mutfak robotunda birleştirin.

Malzemelerin geri kalanıyla atın ve iyice birleştirin.

Karışık Yeşillikler ve Badem Salatası

İçindekiler:
7 bardak mesclun, 3 demet, kırpılmış
1/4 salatalık, uzunlamasına ikiye bölünmüş, ardından ince dilimlenmiş
3 yemek kaşığı kıyılmış veya kıyılmış frenk soğanı
16 çeri domates
1/2 su bardağı dilimlenmiş badem
1/4 beyaz soğan, dilimlenmiş
Tatmak için biber ve tuz
8 ons vegan peynir

Pansuman
1 yemek kaşığı damıtılmış beyaz sirke
1/4 limon, suyu sıkılmış, yaklaşık 2 çay kaşığı
1/4 su bardağı sızma zeytinyağı
1 çay kaşığı. İngiliz hardalı

hazırlık
Tüm pansuman malzemelerini bir mutfak robotunda birleştirin.

Malzemelerin geri kalanıyla atın ve iyice birleştirin.

Chervil ve Vegan Ricotta Salatası

İçindekiler:

6 ila 7 bardak frenk maydanozu, 3 demet, kırpılmış

1/4 salatalık, uzunlamasına ikiye bölünmüş, ardından ince dilimlenmiş

16 üzüm

1/2 su bardağı dilimlenmiş badem

1/4 beyaz soğan, dilimlenmiş

Tatmak için biber ve tuz

8 ons Tofu Ricotta Peyniri (Tofitti)

Pansuman

1 yemek kaşığı damıtılmış beyaz sirke

1/4 limon, suyu sıkılmış, yaklaşık 2 çay kaşığı

1/4 su bardağı sızma zeytinyağı

1 yemek kaşığı. Chimichurri Sos

hazırlık

Tüm pansuman malzemelerini bir mutfak robotunda birleştirin.

Malzemelerin geri kalanıyla atın ve iyice birleştirin.

Bib Marul Ceviz ve Vegan Parmesan Salatası

İçindekiler:
6 ila 7 bardak marul, 3 demet, kesilmiş
1/4 salatalık, uzunlamasına ikiye bölünmüş, ardından ince dilimlenmiş
3 yemek kaşığı kıyılmış veya kıyılmış frenk soğanı
16 domates, ikiye bölünmüş
1/2 su bardağı ceviz
1/4 kırmızı soğan, dilimlenmiş
Tatmak için biber ve tuz
Vegan Parmesan Peyniri (Melek Maması)

Pansuman
1 yemek kaşığı damıtılmış beyaz sirke
1/4 limon, suyu sıkılmış, yaklaşık 2 çay kaşığı
1/4 su bardağı sızma zeytinyağı
1 çay kaşığı. yumurtasız mayonez

hazırlık
Tüm pansuman malzemelerini bir mutfak robotunda birleştirin.

Malzemelerin geri kalanıyla atın ve iyice birleştirin.

Hindiba Marul Tomatillo ve Vegan Ricotta Salatası

İçindekiler:

6 ila 7 bardak hindiba marulu, 3 demet, kesilmiş
1/4 salatalık, uzunlamasına ikiye bölünmüş, ardından ince dilimlenmiş
3 yemek kaşığı kıyılmış veya kıyılmış frenk soğanı
16 yeşil domates, ikiye bölünmüş
1/2 su bardağı dilimlenmiş badem
1/4 beyaz soğan, dilimlenmiş
Tatmak için biber ve tuz
8 ons Tofu Ricotta Peyniri (Tofitti)

Pansuman

1 yemek kaşığı damıtılmış beyaz sirke
1/4 limon, suyu sıkılmış, yaklaşık 2 çay kaşığı
1/4 su bardağı sızma zeytinyağı
1 çay kaşığı. Dijon hardalı

hazırlık

Tüm pansuman malzemelerini bir mutfak robotunda birleştirin.

Malzemelerin geri kalanıyla atın ve iyice birleştirin.

Kale Domates ve Vegan Parmesan Salatası

İçindekiler:

6 ila 7 bardak lahana marulu, 3 demet, kesilmiş

1/4 salatalık, uzunlamasına ikiye bölünmüş, ardından ince dilimlenmiş

3 yemek kaşığı kıyılmış veya kıyılmış frenk soğanı

16 çeri domates

1/2 su bardağı dilimlenmiş badem

1/4 beyaz soğan, dilimlenmiş

Tatmak için biber ve tuz

Vegan Parmesan Peyniri (Melek Maması)

Pansuman

1 dal kişniş, kıyılmış

1 yemek kaşığı damıtılmış beyaz sirke

1/4 limon, suyu sıkılmış, yaklaşık 2 çay kaşığı

1/4 su bardağı sızma zeytinyağı

1 çay kaşığı. yumurtasız mayonez

hazırlık

Tüm pansuman malzemelerini bir mutfak robotunda birleştirin.

Malzemelerin geri kalanıyla atın ve iyice birleştirin.

Ispanaklı Tomatillos ve Badem Salatası

İçindekiler:

6 ila 7 su bardağı ıspanak marul, 3 demet, kesilmiş

1/4 salatalık, uzunlamasına ikiye bölünmüş, ardından ince dilimlenmiş

3 yemek kaşığı kıyılmış veya kıyılmış frenk soğanı

16 domates, ikiye bölünmüş

1/2 su bardağı dilimlenmiş badem

1/4 beyaz soğan, dilimlenmiş

Tatmak için biber ve tuz

8 ons vegan peynir

Pansuman

1 dal kişniş, kıyılmış

1 yemek kaşığı damıtılmış beyaz sirke

1/4 limon, suyu sıkılmış, yaklaşık 2 çay kaşığı

1/4 su bardağı sızma zeytinyağı

1 çay kaşığı. İngiliz hardalı

hazırlık

Tüm pansuman malzemelerini bir mutfak robotunda birleştirin.

Malzemelerin geri kalanıyla atın ve iyice birleştirin.

Kale Domates ve Badem Salatası

İçindekiler:

6 ila 7 bardak lahana, 3 demet, kesilmiş

1/4 salatalık, uzunlamasına ikiye bölünmüş, ardından ince dilimlenmiş

3 yemek kaşığı kıyılmış veya kıyılmış frenk soğanı

16 çeri domates

1/2 su bardağı dilimlenmiş badem

1/4 beyaz soğan, dilimlenmiş

Tatmak için biber ve tuz

8 ons vegan peynir

Pansuman

1 dal kişniş, kıyılmış

1 yemek kaşığı damıtılmış beyaz sirke

1/4 limon, suyu sıkılmış, yaklaşık 2 çay kaşığı

1/4 su bardağı sızma zeytinyağı

1 çay kaşığı. İngiliz hardalı

hazırlık

Tüm pansuman malzemelerini bir mutfak robotunda birleştirin.

Malzemelerin geri kalanıyla atın ve iyice birleştirin.

Karışık Yeşil Badem ve Vegan Ricotta Salatası

İçindekiler:

6 ila 7 bardak mesclun, 3 demet, kırpılmış

1/4 salatalık, uzunlamasına ikiye bölünmüş, ardından ince dilimlenmiş

3 yemek kaşığı kıyılmış veya kıyılmış frenk soğanı

16 yeşil domates, ikiye bölünmüş

1/2 su bardağı dilimlenmiş badem

1/4 beyaz soğan, dilimlenmiş

Tatmak için biber ve tuz

8 ons Tofu Ricotta Peyniri (Tofitti)

Pansuman

1 yemek kaşığı damıtılmış beyaz sirke

1/4 limon, suyu sıkılmış, yaklaşık 2 çay kaşığı

1/4 su bardağı sızma zeytinyağı

1 çay kaşığı. Dijon hardalı

hazırlık

Tüm pansuman malzemelerini bir mutfak robotunda birleştirin.

Malzemelerin geri kalanıyla atın ve iyice birleştirin.

Hindiba Domates ve Badem Salatası

İçindekiler:

6 ila 7 bardak hindiba, 3 demet, kırpılmış

1/4 salatalık, uzunlamasına ikiye bölünmüş, ardından ince dilimlenmiş

3 yemek kaşığı kıyılmış veya kıyılmış frenk soğanı

16 çeri domates

1/2 su bardağı dilimlenmiş badem

1/4 beyaz soğan, dilimlenmiş

Tatmak için biber ve tuz

Vegan Parmesan Peyniri (Melek Maması)

Pansuman

1 dal kişniş, kıyılmış

1 yemek kaşığı damıtılmış beyaz sirke

1/4 limon, suyu sıkılmış, yaklaşık 2 çay kaşığı

1/4 su bardağı sızma zeytinyağı

1 çay kaşığı. İngiliz hardalı

hazırlık

Tüm pansuman malzemelerini bir mutfak robotunda birleştirin.

Malzemelerin geri kalanıyla atın ve iyice birleştirin.

Kale Tomatillo ve Badem Salatası

İçindekiler:

6 ila 7 bardak lahana, 3 demet, kesilmiş

1/4 salatalık, uzunlamasına ikiye bölünmüş, ardından ince dilimlenmiş

3 yemek kaşığı kıyılmış veya kıyılmış frenk soğanı

16 domates, ikiye bölünmüş

1/2 su bardağı dilimlenmiş badem

1/4 beyaz soğan, dilimlenmiş

Tatmak için biber ve tuz

8 ons Tofu Ricotta Peyniri (Tofitti)

Pansuman

1 yemek kaşığı damıtılmış beyaz sirke

1/4 limon, suyu sıkılmış, yaklaşık 2 çay kaşığı

1/4 su bardağı sızma zeytinyağı

1 çay kaşığı. yumurtasız mayonez

hazırlık

Tüm pansuman malzemelerini bir mutfak robotunda birleştirin.

Malzemelerin geri kalanıyla atın ve iyice birleştirin.

Escarole Badem ve Domates Salatası

İçindekiler:
6 ila 7 bardak escarole, 3 demet, kırpılmış
1/4 salatalık, uzunlamasına ikiye bölünmüş, ardından ince dilimlenmiş
3 yemek kaşığı kıyılmış veya kıyılmış frenk soğanı
16 çeri domates
1/2 su bardağı dilimlenmiş badem
1/4 beyaz soğan, dilimlenmiş
Tatmak için biber ve tuz
8 ons vegan peynir

Pansuman
1 dal kişniş, kıyılmış
1 yemek kaşığı damıtılmış beyaz sirke
1/4 limon, suyu sıkılmış, yaklaşık 2 çay kaşığı
1/4 su bardağı sızma zeytinyağı
1 çay kaşığı. İngiliz hardalı

hazırlık
Tüm pansuman malzemelerini bir mutfak robotunda birleştirin.

Malzemelerin geri kalanıyla atın ve iyice birleştirin.

Hindiba Tomatillo ve Badem Salatası

İçindekiler:

6 ila 7 bardak hindiba, 3 demet, kırpılmış

1/4 salatalık, uzunlamasına ikiye bölünmüş, ardından ince dilimlenmiş

3 yemek kaşığı kıyılmış veya kıyılmış frenk soğanı

16 domates, ikiye bölünmüş

1/2 su bardağı dilimlenmiş badem

1/4 beyaz soğan, dilimlenmiş

Tatmak için biber ve tuz

Vegan Parmesan Peyniri (Melek Maması)

Pansuman

1 yemek kaşığı damıtılmış beyaz sirke

1/4 limon, suyu sıkılmış, yaklaşık 2 çay kaşığı

1/4 su bardağı sızma zeytinyağı

1 çay kaşığı. Dijon hardalı

hazırlık

Tüm pansuman malzemelerini bir mutfak robotunda birleştirin.

Malzemelerin geri kalanıyla atın ve iyice birleştirin.

Bib Marul Badem ve Kiraz Domates Salatası

İçindekiler:
6 ila 7 bardak marul, 3 demet, kesilmiş
1/4 salatalık, uzunlamasına ikiye bölünmüş, ardından ince dilimlenmiş
3 yemek kaşığı kıyılmış veya kıyılmış frenk soğanı
16 çeri domates
1/2 su bardağı dilimlenmiş badem
1/4 beyaz soğan, dilimlenmiş
Tatmak için biber ve tuz
8 ons Tofu Ricotta Peyniri (Tofitti)

Pansuman
1 dal kişniş, kıyılmış
1 yemek kaşığı damıtılmış beyaz sirke
1/4 limon, suyu sıkılmış, yaklaşık 2 çay kaşığı
1/4 su bardağı sızma zeytinyağı
1 çay kaşığı. İngiliz hardalı

hazırlık
Tüm pansuman malzemelerini bir mutfak robotunda birleştirin.

Malzemelerin geri kalanıyla atın ve iyice birleştirin.

Ispanaklı Tomatillos ve Vegan Parmesan Salatası

İçindekiler:

6 ila 7 su bardağı ıspanak marul, 3 demet, kesilmiş

1/4 salatalık, uzunlamasına ikiye bölünmüş, ardından ince dilimlenmiş

3 yemek kaşığı kıyılmış veya kıyılmış frenk soğanı

16 domates, ikiye bölünmüş

1/2 su bardağı dilimlenmiş badem

1/4 beyaz soğan, dilimlenmiş

Tatmak için biber ve tuz

Vegan Parmesan Peyniri (Melek Maması)

Pansuman

1 dal kişniş, kıyılmış

1 yemek kaşığı damıtılmış beyaz sirke

1/4 limon, suyu sıkılmış, yaklaşık 2 çay kaşığı

1/4 su bardağı sızma zeytinyağı

1 çay kaşığı. yumurtasız mayonez

hazırlık

Tüm pansuman malzemelerini bir mutfak robotunda birleştirin.

Malzemelerin geri kalanıyla atın ve iyice birleştirin.

Kale Domates ve Vegan Parmesan Peynirli Salata

İçindekiler:

6 ila 7 bardak lahana marulu, 3 demet, kesilmiş
1/4 salatalık, uzunlamasına ikiye bölünmüş, ardından ince dilimlenmiş
3 yemek kaşığı kıyılmış veya kıyılmış frenk soğanı
16 çeri domates
1/2 su bardağı dilimlenmiş badem
1/4 beyaz soğan, dilimlenmiş
Tatmak için biber ve tuz
Vegan Parmesan Peyniri (Melek Maması)

Pansuman

1 dal kişniş, kıyılmış
1 yemek kaşığı damıtılmış beyaz sirke
1/4 limon, suyu sıkılmış, yaklaşık 2 çay kaşığı
1/4 su bardağı sızma zeytinyağı
1 çay kaşığı. İngiliz hardalı

hazırlık

Tüm pansuman malzemelerini bir mutfak robotunda birleştirin.

Malzemelerin geri kalanıyla atın ve iyice birleştirin.

Karışık Yeşillikler Tomatillo ve Vegan Ricotta Peynirli Salata

İçindekiler:

6 ila 7 bardak mesclun, 3 demet, kırpılmış

1/4 salatalık, uzunlamasına ikiye bölünmüş, ardından ince dilimlenmiş

3 yemek kaşığı kıyılmış veya kıyılmış frenk soğanı

16 yeşil domates, ikiye bölünmüş

1/2 su bardağı dilimlenmiş badem

1/4 beyaz soğan, dilimlenmiş

Tatmak için biber ve tuz

8 ons Tofu Ricotta Peyniri (Tofitti)

Pansuman

1 dal kişniş, kıyılmış

1 yemek kaşığı damıtılmış beyaz sirke

1/4 limon, suyu sıkılmış, yaklaşık 2 çay kaşığı

1/4 su bardağı sızma zeytinyağı

hazırlık

Tüm pansuman malzemelerini bir mutfak robotunda birleştirin.

Malzemelerin geri kalanıyla atın ve iyice birleştirin.

Escarole Badem ve Vegan Ricotta Peynirli Salata

İçindekiler:

6 ila 7 bardak escarole, 3 demet, kırpılmış

1/4 salatalık, uzunlamasına ikiye bölünmüş, ardından ince dilimlenmiş

3 yemek kaşığı kıyılmış veya kıyılmış frenk soğanı

16 domates, ikiye bölünmüş

1/2 su bardağı dilimlenmiş badem

1/4 beyaz soğan, dilimlenmiş

Tatmak için biber ve tuz

8 ons Tofu Ricotta Peyniri (Tofitti)

Pansuman

1 yemek kaşığı damıtılmış beyaz sirke

1/4 limon, suyu sıkılmış, yaklaşık 2 çay kaşığı

1/4 su bardağı sızma zeytinyağı

1 çay kaşığı. Dijon hardalı

hazırlık

Tüm pansuman malzemelerini bir mutfak robotunda birleştirin.

Malzemelerin geri kalanıyla atın ve iyice birleştirin.

Hindiba Domates ve Badem Salatası

İçindekiler:

6 ila 7 bardak hindiba, 3 demet, kırpılmış

1/4 salatalık, uzunlamasına ikiye bölünmüş, ardından ince dilimlenmiş

3 yemek kaşığı kıyılmış veya kıyılmış frenk soğanı

16 çeri domates

1/2 su bardağı dilimlenmiş badem

1/4 beyaz soğan, dilimlenmiş

Tatmak için biber ve tuz

8 ons vegan peynir

Pansuman

1 dal kişniş, kıyılmış

1 yemek kaşığı damıtılmış beyaz sirke

1/4 limon, suyu sıkılmış, yaklaşık 2 çay kaşığı

1/4 su bardağı sızma zeytinyağı

1 çay kaşığı. yumurtasız mayonez

hazırlık

Tüm pansuman malzemelerini bir mutfak robotunda birleştirin.

Malzemelerin geri kalanıyla atın ve iyice birleştirin.

Ispanaklı Kabak ve Badem Salatası

İçindekiler:

6 ila 7 su bardağı ıspanak, 3 demet, kesilmiş

¼ kabak, uzunlamasına ikiye bölünmüş, sonra ince dilimlenmiş

3 yemek kaşığı kıyılmış veya kıyılmış frenk soğanı

16 çeri domates

1/2 su bardağı dilimlenmiş badem

1/4 beyaz soğan, dilimlenmiş

Tatmak için biber ve tuz

8 ons vegan peynir

Pansuman

1 yemek kaşığı damıtılmış beyaz sirke

1/4 limon, suyu sıkılmış, yaklaşık 2 çay kaşığı

1/4 su bardağı sızma zeytinyağı

1 çay kaşığı. pesto Sos

hazırlık

Tüm pansuman malzemelerini bir mutfak robotunda birleştirin.

Malzemelerin geri kalanıyla atın ve iyice birleştirin.

Kale Salatalık Tomatillo ve Tofu Ricotta Salatası

İçindekiler:

6 ila 7 bardak lahana, 3 demet, kesilmiş

1/4 salatalık, uzunlamasına ikiye bölünmüş, ardından ince dilimlenmiş

3 yemek kaşığı kıyılmış veya kıyılmış frenk soğanı

16 yeşil domates, ikiye bölünmüş

1/2 su bardağı dilimlenmiş badem

1/4 beyaz soğan, dilimlenmiş

Tatmak için biber ve tuz

8 ons Tofu Ricotta Peyniri (Tofitti)

Pansuman

1 dal kişniş, kıyılmış

1 yemek kaşığı damıtılmış beyaz sirke

1/4 limon, suyu sıkılmış, yaklaşık 2 çay kaşığı

1/4 su bardağı sızma zeytinyağı

1 çay kaşığı. İngiliz hardalı

hazırlık

Tüm pansuman malzemelerini bir mutfak robotunda birleştirin.

Malzemelerin geri kalanıyla atın ve iyice birleştirin.

Karışık Yeşil Badem ve Tofu Ricotta Salatası

İçindekiler:

6 ila 7 bardak mesclun, 3 demet, kırpılmış
1/4 salatalık, uzunlamasına ikiye bölünmüş, ardından ince dilimlenmiş
3 yemek kaşığı kıyılmış veya kıyılmış frenk soğanı
16 domates, ikiye bölünmüş
1/2 su bardağı dilimlenmiş badem
1/4 beyaz soğan, dilimlenmiş
Tatmak için biber ve tuz
8 ons Tofu Ricotta Peyniri (Tofitti)

Pansuman

1 dal kişniş, kıyılmış
1 yemek kaşığı damıtılmış beyaz sirke
1/4 limon, suyu sıkılmış, yaklaşık 2 çay kaşığı
1/4 su bardağı sızma zeytinyağı
1 çay kaşığı. yumurtasız mayonez

hazırlık

Tüm pansuman malzemelerini bir mutfak robotunda birleştirin.

Malzemelerin geri kalanıyla atın ve iyice birleştirin.

Kale Domates ve Vegan Parmesan Peynirli Salata

İçindekiler:

6 ila 7 bardak lahana, 3 demet, kesilmiş

1/4 salatalık, uzunlamasına ikiye bölünmüş, ardından ince dilimlenmiş

3 yemek kaşığı kıyılmış veya kıyılmış frenk soğanı

16 çeri domates

1/2 su bardağı dilimlenmiş badem

1/4 beyaz soğan, dilimlenmiş

Tatmak için biber ve tuz

Vegan Parmesan Peyniri (Melek Maması)

Pansuman

1 dal kişniş, kıyılmış

1 yemek kaşığı damıtılmış beyaz sirke

1/4 limon, suyu sıkılmış, yaklaşık 2 çay kaşığı

1/4 su bardağı sızma zeytinyağı

1 çay kaşığı. İngiliz hardalı

hazırlık

Tüm pansuman malzemelerini bir mutfak robotunda birleştirin.

Malzemelerin geri kalanıyla atın ve iyice birleştirin.

Chervil Domates ve Vegan Parmesan Peyniri Salatası

İçindekiler:

6 ila 7 bardak frenk maydanozu, 3 demet, kırpılmış

1/4 salatalık, uzunlamasına ikiye bölünmüş, ardından ince dilimlenmiş

3 yemek kaşığı kıyılmış veya kıyılmış frenk soğanı

16 çeri domates

1/2 su bardağı dilimlenmiş badem

1/4 beyaz soğan, dilimlenmiş

Tatmak için biber ve tuz

Vegan Parmesan Peyniri (Melek Maması)

Pansuman

1 dal kişniş, kıyılmış

1 yemek kaşığı damıtılmış beyaz sirke

1/4 limon, suyu sıkılmış, yaklaşık 2 çay kaşığı

1/4 su bardağı sızma zeytinyağı

1 çay kaşığı. İngiliz hardalı

hazırlık

Tüm pansuman malzemelerini bir mutfak robotunda birleştirin.

Malzemelerin geri kalanıyla atın ve iyice birleştirin.

Bib Marul Tomatillo ve Tofu Ricotta Peynir Salatası

İçindekiler:
6 ila 7 bardak marul, 3 demet, kesilmiş
1/4 salatalık, uzunlamasına ikiye bölünmüş, ardından ince dilimlenmiş
3 yemek kaşığı kıyılmış veya kıyılmış frenk soğanı
16 yeşil domates, ikiye bölünmüş
1/2 su bardağı dilimlenmiş badem
1/4 beyaz soğan, dilimlenmiş
Tatmak için biber ve tuz
8 ons Tofu Ricotta Peyniri (Tofitti)

Pansuman
1 dal kişniş, kıyılmış
1 yemek kaşığı damıtılmış beyaz sirke
1/4 limon, suyu sıkılmış, yaklaşık 2 çay kaşığı
1/4 su bardağı sızma zeytinyağı
1 çay kaşığı. yumurtasız mayonez

hazırlık
Tüm pansuman malzemelerini bir mutfak robotunda birleştirin.

Malzemelerin geri kalanıyla atın ve iyice birleştirin.

Ispanaklı Domates & Badem Salatası

İçindekiler:

6 ila 7 su bardağı ıspanak, 3 demet, kesilmiş

1/4 salatalık, uzunlamasına ikiye bölünmüş, ardından ince dilimlenmiş

3 yemek kaşığı kıyılmış veya kıyılmış frenk soğanı

16 çeri domates

1/2 su bardağı dilimlenmiş badem

1/4 beyaz soğan, dilimlenmiş

Tatmak için biber ve tuz

8 ons vegan peynir

Pansuman

1 dal kişniş, kıyılmış

1 yemek kaşığı damıtılmış beyaz sirke

1/4 limon, suyu sıkılmış, yaklaşık 2 çay kaşığı

1/4 su bardağı sızma zeytinyağı

1 çay kaşığı. İngiliz hardalı

hazırlık

Tüm pansuman malzemelerini bir mutfak robotunda birleştirin.

Malzemelerin geri kalanıyla atın ve iyice birleştirin.

Napa Lahana Tomatillo ve Vegan Parmesan Peyniri Salatası

İçindekiler:
6 ila 7 bardak Napa lahana, 3 demet, kırpılmış
1/4 salatalık, uzunlamasına ikiye bölünmüş, ardından ince dilimlenmiş
3 yemek kaşığı kıyılmış veya kıyılmış frenk soğanı
16 domates, ikiye bölünmüş
1/2 su bardağı dilimlenmiş badem
1/4 beyaz soğan, dilimlenmiş
Tatmak için biber ve tuz
Vegan Parmesan Peyniri (Melek Maması)

Pansuman
1 dal kişniş, kıyılmış
1 yemek kaşığı damıtılmış beyaz sirke
1/4 limon, suyu sıkılmış, yaklaşık 2 çay kaşığı
1/4 su bardağı sızma zeytinyağı

hazırlık
Tüm pansuman malzemelerini bir mutfak robotunda birleştirin.

Malzemelerin geri kalanıyla atın ve iyice birleştirin.

Hindiba Tomatillo ve Badem Salatası

İçindekiler:

6 ila 7 bardak hindiba, 3 demet, kırpılmış

1/4 salatalık, uzunlamasına ikiye bölünmüş, ardından ince dilimlenmiş

3 yemek kaşığı kıyılmış veya kıyılmış frenk soğanı

16 yeşil domates, ikiye bölünmüş

1/2 su bardağı dilimlenmiş badem

1/4 beyaz soğan, dilimlenmiş

Tatmak için biber ve tuz

Vegan Parmesan Peyniri (Melek Maması)

Pansuman

1 dal kişniş, kıyılmış

1 yemek kaşığı damıtılmış beyaz sirke

1/4 limon, suyu sıkılmış, yaklaşık 2 çay kaşığı

1/4 su bardağı sızma zeytinyağı

1 çay kaşığı. İngiliz hardalı

hazırlık

Tüm pansuman malzemelerini bir mutfak robotunda birleştirin.

Malzemelerin geri kalanıyla atın ve iyice birleştirin.

Kale Domates ve Tofu Ricotta Peynir Salatası

İçindekiler:

6 ila 7 bardak lahana, 3 demet, kesilmiş

1/4 salatalık, uzunlamasına ikiye bölünmüş, ardından ince dilimlenmiş

3 yemek kaşığı kıyılmış veya kıyılmış frenk soğanı

16 çeri domates

1/2 su bardağı dilimlenmiş badem

1/4 beyaz soğan, dilimlenmiş

Tatmak için biber ve tuz

8 ons Tofu Ricotta Peyniri (Tofitti)

Pansuman

1 dal kişniş, kıyılmış

1 yemek kaşığı damıtılmış beyaz sirke

1/4 limon, suyu sıkılmış, yaklaşık 2 çay kaşığı

1/4 su bardağı sızma zeytinyağı

1 çay kaşığı. yumurtasız mayonez

hazırlık

Tüm pansuman malzemelerini bir mutfak robotunda birleştirin.

Malzemelerin geri kalanıyla atın ve iyice birleştirin.

Napa Lahana Domates ve Tofu ricotta Peynir Salatası

İçindekiler:

6 ila 7 bardak Napa lahana, 3 demet, kırpılmış

1/4 salatalık, uzunlamasına ikiye bölünmüş, ardından ince dilimlenmiş

3 yemek kaşığı kıyılmış veya kıyılmış frenk soğanı

16 çeri domates

1/2 su bardağı dilimlenmiş badem

1/4 beyaz soğan, dilimlenmiş

Tatmak için biber ve tuz

8 ons Tofu Ricotta Peyniri (Tofitti)

Pansuman

1 dal kişniş, kıyılmış

1 yemek kaşığı damıtılmış beyaz sirke

1/4 limon, suyu sıkılmış, yaklaşık 2 çay kaşığı

1/4 su bardağı sızma zeytinyağı

hazırlık

Tüm pansuman malzemelerini bir mutfak robotunda birleştirin.

Malzemelerin geri kalanıyla atın ve iyice birleştirin.

Bebek Pancar Yeşilleri Tomatillos ve Vegan Peynir Salatası

İçindekiler:

6 ila 7 bardak bebek pancar yeşillikleri, 3 demet, kesilmiş

1/4 salatalık, uzunlamasına ikiye bölünmüş, ardından ince dilimlenmiş

3 yemek kaşığı kıyılmış veya kıyılmış frenk soğanı

16 domates, ikiye bölünmüş

1/2 su bardağı dilimlenmiş badem

1/4 beyaz soğan, dilimlenmiş

Tatmak için biber ve tuz

8 ons vegan peynir

Pansuman

1 dal kişniş, kıyılmış

1 yemek kaşığı damıtılmış beyaz sirke

1/4 limon, suyu sıkılmış, yaklaşık 2 çay kaşığı

1/4 su bardağı sızma zeytinyağı

1 çay kaşığı. İngiliz hardalı

hazırlık

Tüm pansuman malzemelerini bir mutfak robotunda birleştirin.

Malzemelerin geri kalanıyla atın ve iyice birleştirin.

Süper Basit Romaine Marul Salatası

İçindekiler:

1 baş marul, durulanmış, okşanmış ve rendelenmiş

Pansuman

1/2 su bardağı beyaz şarap sirkesi

1 yemek kaşığı sızma zeytinyağı

Taze çekilmiş karabiber

3/4 su bardağı ince öğütülmüş badem

Deniz tuzu

hazırlık

Tüm pansuman malzemelerini bir mutfak robotunda birleştirin.

Malzemelerin geri kalanıyla atın ve iyice birleştirin.

Kolay Bib Marul Salatası

İçindekiler:

1 baş marul, durulanmış, okşanmış ve rendelenmiş

Pansuman

2 yemek kaşığı. beyaz şarap sirkesi

4 yemek kaşığı macadamia yağı

Taze çekilmiş karabiber

3/4 fincan ince öğütülmüş fıstık

Deniz tuzu

hazırlık

Tüm pansuman malzemelerini bir mutfak robotunda birleştirin.

Malzemelerin geri kalanıyla atın ve iyice birleştirin.

Kolay Boston Salatası

İçindekiler:

1 baş Boston marulu, durulanmış, okşanmış ve rendelenmiş

Pansuman

2 yemek kaşığı. elma sirkesi

4 yemek kaşığı zeytinyağı

Taze çekilmiş karabiber

3/4 su bardağı ince iri çekilmiş ceviz

Deniz tuzu

hazırlık

Tüm pansuman malzemelerini bir mutfak robotunda birleştirin.

Malzemelerin geri kalanıyla atın ve iyice birleştirin.

Kolay Karışık Yeşillik Salatası

İçindekiler:

Bir avuç dolusu Mesclun, durulanmış, ezilmiş ve parçalanmış

Pansuman

2 yemek kaşığı. elma sirkesi

4 yemek kaşığı zeytinyağı

Taze çekilmiş karabiber

3/4 su bardağı ince iri çekilmiş fındık

Deniz tuzu

hazırlık

Tüm pansuman malzemelerini bir mutfak robotunda birleştirin.

Malzemelerin geri kalanıyla atın ve iyice birleştirin.

Bib Marul Salatası

İçindekiler:

1 baş marul, durulanmış, okşanmış ve rendelenmiş

Pansuman

2 yemek kaşığı. balzamik sirke

4 yemek kaşığı sızma zeytinyağı

Taze çekilmiş karabiber

3/4 fincan ince öğütülmüş fıstık

Deniz tuzu

hazırlık

Tüm pansuman malzemelerini bir mutfak robotunda birleştirin.

Malzemelerin geri kalanıyla atın ve iyice birleştirin.

Balzamik Sır ile Boston Marul Salatası

İçindekiler:
1 baş Boston marulu, durulanmış, okşanmış ve rendelenmiş

Pansuman
2 yemek kaşığı. balzamik sirke

4 yemek kaşığı macadamia yağı

Taze çekilmiş karabiber

3/4 su bardağı ince öğütülmüş badem

Deniz tuzu

hazırlık

Tüm pansuman malzemelerini bir mutfak robotunda birleştirin.

Malzemelerin geri kalanıyla atın ve iyice birleştirin.

Basit Hindiba Salatası

İçindekiler:
1 Hindiba Başı, durulanmış, okşanmış ve parçalanmış

Pansuman
2 yemek kaşığı. beyaz şarap sirkesi

4 yemek kaşığı sızma zeytinyağı

Taze çekilmiş karabiber

3/4 su bardağı ince iri çekilmiş ceviz

Deniz tuzu

hazırlık

Tüm pansuman malzemelerini bir mutfak robotunda birleştirin.

Malzemelerin geri kalanıyla atın ve iyice birleştirin.

Karışık Yeşillik Salatası

İçindekiler:
Bir avuç dolusu Mesclun, durulanmış, ezilmiş ve parçalanmış

Pansuman
2 yemek kaşığı. damıtılmış beyaz sirke
4 yemek kaşığı sızma zeytinyağı
Taze çekilmiş karabiber
3/4 su bardağı ince iri öğütülmüş kaju fıstığı
Deniz tuzu

hazırlık

Tüm pansuman malzemelerini bir mutfak robotunda birleştirin.

Malzemelerin geri kalanıyla atın ve iyice birleştirin.

Boston Marul ve Fıstık Salatası

İçindekiler:
1 baş Boston marulu, durulanmış, okşanmış ve rendelenmiş

Pansuman
2 yemek kaşığı. elma sirkesi
4 yemek kaşığı zeytinyağı
Taze çekilmiş karabiber
3/4 fincan ince öğütülmüş fıstık
Deniz tuzu

hazırlık

Tüm pansuman malzemelerini bir mutfak robotunda birleştirin.

Malzemelerin geri kalanıyla atın ve iyice birleştirin.

Balzamik Sır ile Boston Marul

İçindekiler:

1 baş Boston marulu, durulanmış, okşanmış ve rendelenmiş

Pansuman

2 yemek kaşığı. balzamik sirke

4 yemek kaşığı macadamia yağı

Taze çekilmiş karabiber

3/4 su bardağı ince iri çekilmiş fındık

Deniz tuzu

hazırlık

Tüm pansuman malzemelerini bir mutfak robotunda birleştirin.

Malzemelerin geri kalanıyla atın ve iyice birleştirin.

Ceviz Soslu Bib Marul

İçindekiler:

1 baş marul, durulanmış, okşanmış ve rendelenmiş

Pansuman

2 yemek kaşığı. damıtılmış beyaz sirke

4 yemek kaşığı sızma zeytinyağı

Taze çekilmiş karabiber

3/4 su bardağı ince iri çekilmiş ceviz

Deniz tuzu

hazırlık

Tüm pansuman malzemelerini bir mutfak robotunda birleştirin.

Malzemelerin geri kalanıyla atın ve iyice birleştirin.

Fındık Soslu Romaine Marul

İçindekiler:

1 baş marul, durulanmış, okşanmış ve rendelenmiş

Pansuman

2 yemek kaşığı. elma sirkesi

4 yemek kaşığı sızma zeytinyağı

Taze çekilmiş karabiber

3/4 su bardağı ince iri çekilmiş fındık

Deniz tuzu

hazırlık

Tüm pansuman malzemelerini bir mutfak robotunda birleştirin.

Malzemelerin geri kalanıyla atın ve iyice birleştirin.

Badem Soslu Karışık Yeşillikler Salatası

İçindekiler:
Bir avuç dolusu Mesclun, durulanmış, ezilmiş ve parçalanmış

Pansuman
2 yemek kaşığı. beyaz şarap sirkesi

4 yemek kaşığı zeytinyağı

Taze çekilmiş karabiber

3/4 su bardağı ince öğütülmüş badem

Deniz tuzu

hazırlık

Tüm pansuman malzemelerini bir mutfak robotunda birleştirin.

Malzemelerin geri kalanıyla atın ve iyice birleştirin.

Fıstık ve Balzamik Vinaigrette Salata ile Hindiba

İçindekiler:

1 Hindiba Başı, durulanmış, okşanmış ve parçalanmış

Pansuman

2 yemek kaşığı. balzamik sirke

4 yemek kaşığı sızma zeytinyağı

Taze çekilmiş karabiber

3/4 fincan ince öğütülmüş fıstık

Deniz tuzu

hazırlık

Tüm pansuman malzemelerini bir mutfak robotunda birleştirin.

Malzemelerin geri kalanıyla atın ve iyice birleştirin.

Kaju Soslu Bib Marul

İçindekiler:

1 baş marul, durulanmış, okşanmış ve rendelenmiş

Pansuman

2 yemek kaşığı. damıtılmış beyaz sirke

4 yemek kaşığı macadamia yağı

Taze çekilmiş karabiber

3/4 su bardağı ince iri öğütülmüş kaju fıstığı

Deniz tuzu

hazırlık

Tüm pansuman malzemelerini bir mutfak robotunda birleştirin.

Malzemelerin geri kalanıyla atın ve iyice birleştirin.

Ceviz Soslu Romaine Marul Salatası

İçindekiler:

1 baş marul, durulanmış, okşanmış ve rendelenmiş

Pansuman

2 yemek kaşığı. kırmızı şarap sirkesi

1 yemek kaşığı sızma zeytinyağı

Taze çekilmiş karabiber

3/4 su bardağı ince iri çekilmiş ceviz

Deniz tuzu

hazırlık

Tüm pansuman malzemelerini bir mutfak robotunda birleştirin.

Malzemelerin geri kalanıyla atın ve iyice birleştirin.

Badem Soslu Karışık Yeşillikler Salatası

İçindekiler:
Bir avuç dolusu Mesclun, durulanmış, ezilmiş ve parçalanmış

Pansuman
2 yemek kaşığı. balzamik sirke

1 yemek kaşığı sızma zeytinyağı

Taze çekilmiş karabiber

3/4 su bardağı ince öğütülmüş badem

Deniz tuzu

hazırlık

Tüm pansuman malzemelerini bir mutfak robotunda birleştirin.

Malzemelerin geri kalanıyla atın ve iyice birleştirin.

Kaju Soslu Romaine Marul Salatası

İçindekiler:

1 baş marul, durulanmış, okşanmış ve rendelenmiş

Pansuman

2 yemek kaşığı. elma sirkesi

4 yemek kaşığı zeytinyağı

Taze çekilmiş karabiber

3/4 su bardağı ince iri öğütülmüş kaju fıstığı

Deniz tuzu

hazırlık

Tüm pansuman malzemelerini bir mutfak robotunda birleştirin.

Malzemelerin geri kalanıyla atın ve iyice birleştirin.

Fındık Soslu Hindiba Salatası

İçindekiler:
1 Hindiba Başı, durulanmış, okşanmış ve parçalanmış

Pansuman
2 yemek kaşığı. beyaz şarap sirkesi
4 yemek kaşığı sızma zeytinyağı
Taze çekilmiş karabiber
3/4 su bardağı ince iri çekilmiş fındık
Deniz tuzu

hazırlık

Tüm pansuman malzemelerini bir mutfak robotunda birleştirin.

Malzemelerin geri kalanıyla atın ve iyice birleştirin.

Fıstık Vinaigrette Salata ile Bib Marul

İçindekiler:

1 baş marul, durulanmış, okşanmış ve rendelenmiş

Pansuman

2 yemek kaşığı. damıtılmış beyaz sirke

4 yemek kaşığı macadamia yağı

Taze çekilmiş karabiber

3/4 fincan ince öğütülmüş fıstık

Deniz tuzu

hazırlık

Tüm pansuman malzemelerini bir mutfak robotunda birleştirin.

Malzemelerin geri kalanıyla atın ve iyice birleştirin.

Grilles Boston Marul Salatası

İçindekiler:
1 baş Boston marulu, durulanmış, okşanmış ve rendelenmiş

Pansuman
2 yemek kaşığı beyaz şarap sirkesi
4 yemek kaşığı sızma zeytinyağı
Taze çekilmiş karabiber
3/4 su bardağı ince öğütülmüş badem
Deniz tuzu

hazırlık
Marulu ve/veya yeşillikleri orta ateşte hafifçe kömürleşene kadar ızgara yapın

Tüm pansuman malzemelerini bir mutfak robotunda birleştirin.

Malzemelerin geri kalanıyla atın ve iyice birleştirin.

Izgara Romaine Marul Salatası

İçindekiler:
1 baş marul, durulanmış, okşanmış ve rendelenmiş

Pansuman
2 yemek kaşığı. balzamik sirke
4 yemek kaşığı sızma zeytinyağı
Taze çekilmiş karabiber
3/4 fincan ince öğütülmüş fıstık
Deniz tuzu

hazırlık
Marulu ve/veya yeşillikleri orta ateşte hafifçe kömürleşene kadar ızgara yapın

Tüm pansuman malzemelerini bir mutfak robotunda birleştirin.

Malzemelerin geri kalanıyla atın ve iyice birleştirin.

Izgara Romaine Marul ve Kaju Vinaigrette Salatası

İçindekiler:
1 baş marul, durulanmış, okşanmış ve rendelenmiş

Pansuman
2 yemek kaşığı. kırmızı şarap sirkesi
4 yemek kaşığı zeytinyağı
Taze çekilmiş karabiber
3/4 su bardağı ince iri öğütülmüş kaju fıstığı
Deniz tuzu

hazırlık
Marulu ve/veya yeşillikleri orta ateşte hafifçe kömürleşene kadar ızgara yapın

Tüm pansuman malzemelerini bir mutfak robotunda birleştirin.

Malzemelerin geri kalanıyla atın ve iyice birleştirin.

Izgara Romaine Marul ve Badem Vinaigrette Salatası

İçindekiler:
1 baş marul, durulanmış, okşanmış ve rendelenmiş

Pansuman
2 yemek kaşığı. kırmızı şarap sirkesi
4 yemek kaşığı sızma zeytinyağı
Taze çekilmiş karabiber
3/4 su bardağı ince öğütülmüş badem
Deniz tuzu

hazırlık
Marulu ve/veya yeşillikleri orta ateşte hafifçe kömürleşene kadar ızgara yapın

Tüm pansuman malzemelerini bir mutfak robotunda birleştirin.

Malzemelerin geri kalanıyla atın ve iyice birleştirin.

Kaju Soslu Izgara Napa Lahanası

İçindekiler:
1 baş Napa lahana, durulanmış, okşanmış ve rendelenmiş
½ su bardağı kapari

Pansuman
2 yemek kaşığı. balzamik sirke
4 yemek kaşığı macadamia yağı
Taze çekilmiş karabiber
3/4 su bardağı ince iri öğütülmüş kaju fıstığı
Deniz tuzu

hazırlık
Marulu ve/veya yeşillikleri orta ateşte hafifçe kömürleşene kadar ızgara yapın

Tüm pansuman malzemelerini bir mutfak robotunda birleştirin.

Malzemelerin geri kalanıyla atın ve iyice birleştirin.

Izgara Boston marul ve Kaju Vinaigrette Salatası

İçindekiler:

1 baş Boston marulu, durulanmış, okşanmış ve rendelenmiş

½ su bardağı yeşil zeytin

Pansuman

2 yemek kaşığı. beyaz şarap sirkesi

4 yemek kaşığı sızma zeytinyağı

Taze çekilmiş karabiber

3/4 su bardağı ince iri öğütülmüş kaju fıstığı

Deniz tuzu

hazırlık

Marulu ve/veya yeşillikleri orta ateşte hafifçe kömürleşene kadar ızgara yapın

Tüm pansuman malzemelerini bir mutfak robotunda birleştirin.

Malzemelerin geri kalanıyla atın ve iyice birleştirin.

Izgara Romaine Marul ve Yeşil Zeytin Salatası

İçindekiler:
1 baş marul, durulanmış, okşanmış ve rendelenmiş
½ su bardağı yeşil zeytin

Pansuman
2 yemek kaşığı. elma sirkesi
4 yemek kaşığı zeytinyağı
Taze çekilmiş karabiber
3/4 su bardağı ince iri çekilmiş ceviz
Deniz tuzu

hazırlık
Marulu ve/veya yeşillikleri orta ateşte hafifçe kömürleşene kadar ızgara yapın

Tüm pansuman malzemelerini bir mutfak robotunda birleştirin.

Malzemelerin geri kalanıyla atın ve iyice birleştirin.

Izgara Bib Marul ve Yeşil Zeytin Salatası

İçindekiler:

1 baş marul, durulanmış, okşanmış ve rendelenmiş

½ su bardağı yeşil zeytin

Pansuman

2 yemek kaşığı. kırmızı şarap sirkesi

4 yemek kaşığı sızma zeytinyağı

Taze çekilmiş karabiber

3/4 su bardağı ince öğütülmüş badem

Deniz tuzu

hazırlık

Marulu ve/veya yeşillikleri orta ateşte hafifçe kömürleşene kadar ızgara yapın

Tüm pansuman malzemelerini bir mutfak robotunda birleştirin.

Malzemelerin geri kalanıyla atın ve iyice birleştirin.

Izgara Romaine Marul ve Yeşil Kapari Salatası

İçindekiler:
1 baş marul, durulanmış, okşanmış ve rendelenmiş
½ su bardağı yeşil kapari

Pansuman
2 yemek kaşığı. elma sirkesi
4 yemek kaşığı sızma zeytinyağı
Taze çekilmiş karabiber
3/4 fincan ince öğütülmüş fıstık
Deniz tuzu

hazırlık
Marulu ve/veya yeşillikleri orta ateşte hafifçe kömürleşene kadar ızgara yapın

Tüm pansuman malzemelerini bir mutfak robotunda birleştirin.

Malzemelerin geri kalanıyla atın ve iyice birleştirin.

Izgara Romaine Marul ve Kapari Salatası

İçindekiler:

1 baş marul, durulanmış, okşanmış ve rendelenmiş

½ su bardağı yeşil kapari

Pansuman

2 yemek kaşığı. beyaz şarap sirkesi

4 yemek kaşığı sızma zeytinyağı

Taze çekilmiş karabiber

3/4 su bardağı ince iri çekilmiş ceviz

Deniz tuzu

hazırlık

Marulu ve/veya yeşillikleri orta ateşte hafifçe kömürleşene kadar ızgara yapın

Tüm pansuman malzemelerini bir mutfak robotunda birleştirin.

Malzemelerin geri kalanıyla atın ve iyice birleştirin.

Izgara Boston ve Siyah Zeytin Salatası

İçindekiler:
1 baş Boston marulu, durulanmış, okşanmış ve rendelenmiş
½ su bardağı siyah zeytin

Pansuman
2 yemek kaşığı. balzamik sirke
4 yemek kaşığı macadamia yağı
Taze çekilmiş karabiber
3/4 su bardağı ince iri öğütülmüş kaju fıstığı
Deniz tuzu

hazırlık
Marulu ve/veya yeşillikleri orta ateşte hafifçe kömürleşene kadar ızgara yapın

Tüm pansuman malzemelerini bir mutfak robotunda birleştirin.

Malzemelerin geri kalanıyla atın ve iyice birleştirin.

Izgara Romaine Marul ve Kalamata Zeytin Salatası

İçindekiler:
1 baş marul, durulanmış, okşanmış ve rendelenmiş
½ su bardağı Kalamata zeytin

Pansuman
2 yemek kaşığı. kırmızı şarap sirkesi
4 yemek kaşığı zeytinyağı
Taze çekilmiş karabiber
3/4 su bardağı ince öğütülmüş badem
Deniz tuzu

hazırlık
Marulu ve/veya yeşillikleri orta ateşte hafifçe kömürleşene kadar ızgara yapın

Tüm pansuman malzemelerini bir mutfak robotunda birleştirin.

Malzemelerin geri kalanıyla atın ve iyice birleştirin.

Yeşil Zeytin ve Fıstık Soslu Romaine Marul

İçindekiler:

1 baş marul, durulanmış, okşanmış ve rendelenmiş

½ su bardağı yeşil zeytin

Pansuman

2 yemek kaşığı. elma sirkesi

4 yemek kaşığı sızma zeytinyağı

Taze çekilmiş karabiber

3/4 fincan ince öğütülmüş fıstık

Deniz tuzu

hazırlık

Tüm pansuman malzemelerini bir mutfak robotunda birleştirin.

Malzemelerin geri kalanıyla atın ve iyice birleştirin.

Romaine Marul Kapari ve Badem Sosu

İçindekiler:

1 baş marul, durulanmış, okşanmış ve rendelenmiş

½ su bardağı kapari

Pansuman

2 yemek kaşığı. elma sirkesi

4 yemek kaşığı sızma zeytinyağı

Taze çekilmiş karabiber

3/4 su bardağı ince öğütülmüş badem

Deniz tuzu

hazırlık

Tüm pansuman malzemelerini bir mutfak robotunda birleştirin.

Malzemelerin geri kalanıyla atın ve iyice birleştirin.

Enginar Kalbi ve Kaju Soslu Boston Marulu

İçindekiler:

1 baş Boston marulu, durulanmış, okşanmış ve rendelenmiş

½ su bardağı enginar kalbi

Pansuman

2 yemek kaşığı. beyaz şarap sirkesi

4 yemek kaşığı sızma zeytinyağı

Taze çekilmiş karabiber

3/4 su bardağı ince iri öğütülmüş kaju fıstığı

Deniz tuzu

hazırlık

Tüm pansuman malzemelerini bir mutfak robotunda birleştirin.

Malzemelerin geri kalanıyla atın ve iyice birleştirin.

Balzamik Sır ile Enginar ve Enginar Kalbi

İçindekiler:

1 enginar, durulanmış ve ezilmiş

½ su bardağı enginar kalbi

Pansuman

2 yemek kaşığı. balzamik sirke

4 yemek kaşığı macadamia yağı

Taze çekilmiş karabiber

3/4 fincan ince öğütülmüş fıstık

Deniz tuzu

hazırlık

Tüm pansuman malzemelerini bir mutfak robotunda birleştirin.

Malzemelerin geri kalanıyla atın ve iyice birleştirin.

Ceviz Soslu Enginar ve Yeşil Zeytin

İçindekiler:
1 enginar, durulanmış ve ezilmiş

½ su bardağı yeşil zeytin

Pansuman
2 yemek kaşığı. kırmızı şarap sirkesi

4 yemek kaşığı sızma zeytinyağı

Taze çekilmiş karabiber

3/4 su bardağı ince iri çekilmiş ceviz

Deniz tuzu

hazırlık

Tüm pansuman malzemelerini bir mutfak robotunda birleştirin.

Malzemelerin geri kalanıyla atın ve iyice birleştirin.

Siyah Zeytin ve Enginar Kalbi ile Romaine Marul

İçindekiler:

1 baş marul, durulanmış, okşanmış ve rendelenmiş

½ su bardağı siyah zeytin

½ su bardağı enginar kalbi

Pansuman

2 yemek kaşığı. elma sirkesi

4 yemek kaşığı zeytinyağı

Taze çekilmiş karabiber

3/4 su bardağı ince öğütülmüş badem

Deniz tuzu

hazırlık

Tüm pansuman malzemelerini bir mutfak robotunda birleştirin.

Malzemelerin geri kalanıyla atın ve iyice birleştirin.

Siyah Zeytin Salatalı Enginar Kalbi

İçindekiler:

1 baş marul, durulanmış, okşanmış ve rendelenmiş

½ su bardağı siyah zeytin

½ su bardağı enginar kalbi

Pansuman

2 yemek kaşığı. beyaz şarap sirkesi

4 yemek kaşığı sızma zeytinyağı

Taze çekilmiş karabiber

3/4 fincan ince öğütülmüş fıstık

Deniz tuzu

hazırlık

Tüm pansuman malzemelerini bir mutfak robotunda birleştirin.

Malzemelerin geri kalanıyla atın ve iyice birleştirin.

Boston Marul Siyah Zeytin ve Enginar Kalbi Salatası

İçindekiler:

1 baş Boston marulu, durulanmış, okşanmış ve rendelenmiş

½ su bardağı siyah zeytin

½ su bardağı enginar kalbi

Pansuman

2 yemek kaşığı. kırmızı şarap sirkesi

4 yemek kaşığı sızma zeytinyağı

Taze çekilmiş karabiber

3/4 su bardağı ince öğütülmüş badem

Deniz tuzu

hazırlık

Tüm pansuman malzemelerini bir mutfak robotunda birleştirin.

Malzemelerin geri kalanıyla atın ve iyice birleştirin.

Macadamia Vinaigrette Salatası ile Enginar Kalbi ile Romaine Marul

İçindekiler:
1 baş marul, durulanmış, okşanmış ve rendelenmiş
½ su bardağı siyah zeytin
½ su bardağı enginar kalbi

Pansuman
2 yemek kaşığı. balzamik sirke
4 yemek kaşığı macadamia yağı
Taze çekilmiş karabiber
3/4 su bardağı ince iri öğütülmüş kaju fıstığı
Deniz tuzu

hazırlık

Tüm pansuman malzemelerini bir mutfak robotunda birleştirin.

Malzemelerin geri kalanıyla atın ve iyice birleştirin.

Bib Marul Siyah Zeytin ve Enginar Kalbi Salatası

İçindekiler:

1 baş marul, durulanmış, okşanmış ve rendelenmiş

½ su bardağı siyah zeytin

½ su bardağı enginar kalbi

Pansuman

2 yemek kaşığı. beyaz şarap sirkesi

4 yemek kaşığı sızma zeytinyağı

Taze çekilmiş karabiber

3/4 su bardağı ince öğütülmüş badem

Deniz tuzu

hazırlık

Tüm pansuman malzemelerini bir mutfak robotunda birleştirin.

Malzemelerin geri kalanıyla atın ve iyice birleştirin.

Elma Sirkeli Soslu Boston Marulu

İçindekiler:

1 baş Boston marulu, durulanmış, okşanmış ve rendelenmiş

½ su bardağı siyah zeytin

½ su bardağı enginar kalbi

Pansuman

2 yemek kaşığı. elma sirkesi

4 yemek kaşığı sızma zeytinyağı

Taze çekilmiş karabiber

3/4 fincan ince öğütülmüş fıstık

Deniz tuzu

hazırlık

Tüm pansuman malzemelerini bir mutfak robotunda birleştirin.

Malzemelerin geri kalanıyla atın ve iyice birleştirin.

Enginar Kalbi ve Kaju Vinaigrette Salatası ile Romaine Marul

İçindekiler:

1 baş marul, durulanmış, okşanmış ve rendelenmiş

½ su bardağı siyah zeytin

½ su bardağı enginar kalbi

Pansuman

2 yemek kaşığı. kırmızı şarap sirkesi

4 yemek kaşığı zeytinyağı

Taze çekilmiş karabiber

3/4 su bardağı ince iri öğütülmüş kaju fıstığı

Deniz tuzu

hazırlık

Tüm pansuman malzemelerini bir mutfak robotunda birleştirin.

Malzemelerin geri kalanıyla atın ve iyice birleştirin.

Romaine Marul Enginar Kalbi ve Yeşil Zeytin Salatası

İçindekiler:

1 baş marul, durulanmış, okşanmış ve rendelenmiş

½ su bardağı yeşil zeytin

½ su bardağı enginar kalbi

Pansuman

2 yemek kaşığı. kırmızı şarap sirkesi

4 yemek kaşığı macadamia yağı

Taze çekilmiş karabiber

3/4 su bardağı ince iri çekilmiş ceviz

Deniz tuzu

hazırlık

Tüm pansuman malzemelerini bir mutfak robotunda birleştirin.

Malzemelerin geri kalanıyla atın ve iyice birleştirin.

Bib Marul Kalamata Zeytin ve Enginar Kalbi Salatası

İçindekiler:

1 baş marul, durulanmış, okşanmış ve rendelenmiş

½ su bardağı Kalamata zeytin

½ su bardağı enginar kalbi

Pansuman

2 yemek kaşığı. beyaz şarap sirkesi

4 yemek kaşığı sızma zeytinyağı

Taze çekilmiş karabiber

3/4 su bardağı ince öğütülmüş badem

Deniz tuzu

hazırlık

Tüm pansuman malzemelerini bir mutfak robotunda birleştirin.

Malzemelerin geri kalanıyla atın ve iyice birleştirin.

Romaine Marul Bebek Mısır ve Enginar Kalbi Salatası

İçindekiler:

1 baş marul, durulanmış, okşanmış ve rendelenmiş

½ fincan bebek mısır

½ su bardağı enginar kalbi

Pansuman

2 yemek kaşığı. balzamik sirke

4 yemek kaşığı macadamia yağı

Taze çekilmiş karabiber

3/4 su bardağı ince iri öğütülmüş kaju fıstığı

Deniz tuzu

hazırlık

Tüm pansuman malzemelerini bir mutfak robotunda birleştirin.

Malzemelerin geri kalanıyla atın ve iyice birleştirin.

Boston Marul Bebek Havuç ve Enginar Kalbi Salatası

İçindekiler:

1 baş Boston marulu, durulanmış, okşanmış ve rendelenmiş

½ fincan bebek havuç

½ su bardağı enginar kalbi

Pansuman

2 yemek kaşığı. beyaz şarap sirkesi

4 yemek kaşığı sızma zeytinyağı

Taze çekilmiş karabiber

3/4 fincan ince öğütülmüş fıstık

Deniz tuzu

hazırlık

Tüm pansuman malzemelerini bir mutfak robotunda birleştirin.

Malzemelerin geri kalanıyla atın ve iyice birleştirin.

Romaine Marul Siyah Zeytin ve Bebek Mısır Salatası

İçindekiler:

1 baş marul, durulanmış, okşanmış ve rendelenmiş

½ su bardağı siyah zeytin

½ su bardağı konserve bebek mısır

Pansuman

2 yemek kaşığı. elma sirkesi

4 yemek kaşığı zeytinyağı

Taze çekilmiş karabiber

3/4 su bardağı ince öğütülmüş badem

Deniz tuzu

hazırlık

Tüm pansuman malzemelerini bir mutfak robotunda birleştirin.

Malzemelerin geri kalanıyla atın ve iyice birleştirin.

Romaine Marul ve Ceviz Soslu Bebek Havuç Salatası

İçindekiler:

1 baş marul, durulanmış, okşanmış ve rendelenmiş

½ su bardağı siyah zeytin

½ fincan bebek havuç

Pansuman

2 yemek kaşığı. beyaz şarap sirkesi

4 yemek kaşığı sızma zeytinyağı

Taze çekilmiş karabiber

3/4 su bardağı ince iri çekilmiş ceviz

Deniz tuzu

hazırlık

Tüm pansuman malzemelerini bir mutfak robotunda birleştirin.

Malzemelerin geri kalanıyla atın ve iyice birleştirin.

Kapari ve Enginar Kalbi Salatası ile Boston Marul

İçindekiler:

1 baş Boston marulu, durulanmış, okşanmış ve rendelenmiş

½ su bardağı kapari

½ su bardağı enginar kalbi

Pansuman

2 yemek kaşığı. kırmızı şarap sirkesi

4 yemek kaşığı sızma zeytinyağı

Taze çekilmiş karabiber

3/4 su bardağı ince öğütülmüş badem

Deniz tuzu

hazırlık

Tüm pansuman malzemelerini bir mutfak robotunda birleştirin.

Malzemelerin geri kalanıyla atın ve iyice birleştirin.

Romaine Marul Yeşil Zeytin ve Macadamia Soslu Enginar Kalbi

İçindekiler:

1 baş marul, durulanmış, okşanmış ve rendelenmiş

½ su bardağı yeşil zeytin

½ su bardağı enginar kalbi

Pansuman

2 yemek kaşığı. balzamik sirke

4 yemek kaşığı macadamia yağı

Taze çekilmiş karabiber

3/4 su bardağı ince iri öğütülmüş kaju fıstığı

Deniz tuzu

hazırlık

Tüm pansuman malzemelerini bir mutfak robotunda birleştirin.

Malzemelerin geri kalanıyla atın ve iyice birleştirin.

Bib Marul Zeytin ve Ceviz Vinegret Salata ile Bebek Havuç

İçindekiler:

1 baş marul, durulanmış, okşanmış ve rendelenmiş

½ su bardağı siyah zeytin

½ fincan bebek havuç

Pansuman

2 yemek kaşığı. elma sirkesi

4 yemek kaşığı sızma zeytinyağı

Taze çekilmiş karabiber

3/4 su bardağı ince iri çekilmiş ceviz

Deniz tuzu

hazırlık

Tüm pansuman malzemelerini bir mutfak robotunda birleştirin.

Malzemelerin geri kalanıyla atın ve iyice birleştirin.

Bebek Mısır Salatası ile Romaine Marul

İçindekiler:

1 baş marul, durulanmış, okşanmış ve rendelenmiş

½ su bardağı siyah zeytin

½ su bardağı konserve bebek mısır

Pansuman

2 yemek kaşığı. kırmızı şarap sirkesi

4 yemek kaşığı sızma zeytinyağı

Taze çekilmiş karabiber

3/4 su bardağı ince öğütülmüş badem

Deniz tuzu

hazırlık

Tüm pansuman malzemelerini bir mutfak robotunda birleştirin.

Malzemelerin geri kalanıyla atın ve iyice birleştirin.

Romaine Marul Kırmızı Soğan ve Enginar Kalbi, Fıstık Vinaigrette Salatası ile

İçindekiler:

1 baş marul, durulanmış, okşanmış ve rendelenmiş

½ bardak doğranmış kırmızı soğan

½ su bardağı enginar kalbi

Pansuman

2 yemek kaşığı. beyaz şarap sirkesi

4 yemek kaşığı sızma zeytinyağı

Taze çekilmiş karabiber

3/4 fincan ince öğütülmüş fıstık

Deniz tuzu

hazırlık

Tüm pansuman malzemelerini bir mutfak robotunda birleştirin.

Malzemelerin geri kalanıyla atın ve iyice birleştirin.

Boston Marul Siyah Zeytin ve Bebek Mısır, Badem Soslu Salata

İçindekiler:

1 baş Boston marulu, durulanmış, okşanmış ve rendelenmiş

½ su bardağı siyah zeytin

½ su bardağı konserve bebek mısır

Pansuman

2 yemek kaşığı. beyaz şarap sirkesi

4 yemek kaşığı zeytinyağı

Taze çekilmiş karabiber

3/4 su bardağı ince öğütülmüş badem

Deniz tuzu

hazırlık

Tüm pansuman malzemelerini bir mutfak robotunda birleştirin.

Malzemelerin geri kalanıyla atın ve iyice birleştirin.

Hindiba ve Yeşil Zeytin Salatası

İçindekiler:

1 hindiba durulanır, okşar ve kıyılır
½ su bardağı yeşil zeytin
½ su bardağı enginar kalbi

Pansuman

2 yemek kaşığı. beyaz şarap sirkesi
4 yemek kaşığı macadamia yağı
Taze çekilmiş karabiber
3/4 su bardağı ince iri öğütülmüş kaju fıstığı
Deniz tuzu

hazırlık

Tüm pansuman malzemelerini bir mutfak robotunda birleştirin.

Malzemelerin geri kalanıyla atın ve iyice birleştirin.

Karışık Yeşillik Zeytin ve Enginar Kalbi Salatası

İçindekiler:

1 demet karışık yeşillik, durulanmış, okşanmış ve rendelenmiş

½ su bardağı siyah zeytin

½ su bardağı enginar kalbi

Pansuman

2 yemek kaşığı. beyaz şarap sirkesi

4 yemek kaşığı sızma zeytinyağı

Taze çekilmiş karabiber

3/4 su bardağı ince iri çekilmiş ceviz

Deniz tuzu

hazırlık

Tüm pansuman malzemelerini bir mutfak robotunda birleştirin.

Malzemelerin geri kalanıyla atın ve iyice birleştirin.

Boston Marul ve Enginar Kalbi Salatası

İçindekiler:

1 baş Boston marulu, durulanmış, okşanmış ve rendelenmiş

½ su bardağı Kalamata zeytin

½ su bardağı enginar kalbi

Pansuman

2 yemek kaşığı. balzamik sirke

4 yemek kaşığı sızma zeytinyağı

Taze çekilmiş karabiber

3/4 su bardağı ince öğütülmüş badem

Deniz tuzu

hazırlık

Tüm pansuman malzemelerini bir mutfak robotunda birleştirin.

Malzemelerin geri kalanıyla atın ve iyice birleştirin.

Izgara Kabak Kuşkonmaz ve Patlıcan Salatası

İçindekiler:
1 parça. Kabak, uzunlamasına kesin ve ikiye bölün
6 adet Kuşkonmaz
12 ons patlıcan (toplamda yaklaşık 12 ons), 1/2-inç kalınlığında dikdörtgenler halinde uzunlamasına dilimlenmiş
¼ su bardağı sızma zeytinyağı

Pansuman Malzemeleri
6 yemek kaşığı zeytin yağı
3 çizgi Tabasco acı sos
Tatmak için deniz tuzu
3 yemek kaşığı beyaz şarap sirkesi
1 çay kaşığı. Yumurtasız mayonez

hazırlık
Izgarayı orta yüksekliğe kadar önceden ısıtın.

Sebzeyi ¼ fincan yağ ile fırçalayın.

Aşçı

Tuz ve karabiber serpin ve 4 dakika ızgara yapın. taraf başına.

Sebze üzerindeki ızgara izlerini alabilmek için sadece bir kez çevirin.

Tüm pansuman malzemelerini birleştirin.

Sebzenin üzerine gezdirin.

Izgara Hindiba ve Patlıcan Salatası

İçindekiler:

1 parça. Kabak, uzunlamasına kesin ve ikiye bölün

6 adet Kuşkonmaz

4 büyük domates, kalın dilimlenmiş

1 demet hindiba

1/4 su bardağı sızma zeytinyağı

Pansuman Malzemeleri

4 yemek kaşığı zeytin yağı

Biftek çeşnisi, McCormick

2 yemek kaşığı. Beyaz sirke

1 yemek kaşığı. kurutulmuş kekik

1/2 çay kaşığı. Deniz tuzu

hazırlık

Izgarayı orta yüksekliğe kadar önceden ısıtın.

Sebzeyi ¼ fincan yağ ile fırçalayın.

Aşçı

Tuz ve karabiber serpin ve 4 dakika ızgara yapın. taraf başına.

Sebze üzerindeki ızgara izlerini alabilmek için sadece bir kez çevirin.

Tüm pansuman malzemelerini birleştirin.

Sebzenin üzerine gezdirin.

Izgara Mangolu Elma ve Brüksel Lahanası Salatası

İçindekiler:

1 su bardağı küp mango

1 su bardağı küp şeklinde doğranmış Fuji elması

5 adet Brüksel lahanası

¼ su bardağı sızma zeytinyağı

Pansuman Malzemeleri

6 yemek kaşığı sızma zeytinyağı

Tatmak için deniz tuzu

3 yemek kaşığı elma sirkesi

1 yemek kaşığı. Bal

1 çay kaşığı. Yumurtasız mayonez

hazırlık

Izgarayı orta yüksekliğe kadar önceden ısıtın.

Sebzeyi ¼ fincan yağ ile fırçalayın.

Aşçı

Tuz ve karabiber serpin ve 4 dakika ızgara yapın. taraf başına.

Sebze üzerindeki ızgara izlerini alabilmek için sadece bir kez çevirin.

Tüm pansuman malzemelerini birleştirin.

Sebzenin üzerine gezdirin.

Izgara Patlıcan ve Mango Salatası

İçindekiler:

12 ons patlıcan (toplamda yaklaşık 12 ons), 1/2-inç kalınlığında dikdörtgenler halinde uzunlamasına dilimlenmiş

1 parça. Kabak, uzunlamasına kesin ve ikiye bölün

1 su bardağı küp mango

1 su bardağı küp şeklinde doğranmış Fuji elması

¼ su bardağı sızma zeytinyağı

Pansuman

2 yemek kaşığı. macadamia fındık yağı

Biftek çeşnisi, McCormick

3 yemek kaşığı Kuru şeri

1 yemek kaşığı. kurutulmuş kekik

hazırlık

Izgarayı orta yüksekliğe kadar önceden ısıtın.

Sebzeyi ¼ fincan yağ ile fırçalayın.

Aşçı

Tuz ve karabiber serpin ve 4 dakika ızgara yapın. taraf başına.

Sebze üzerindeki ızgara izlerini alabilmek için sadece bir kez çevirin.

Tüm pansuman malzemelerini birleştirin.

Sebzenin üzerine gezdirin.

Izgara Kale Ananas ve Patlıcan Salatası

İçindekiler:

12 ons patlıcan (toplamda yaklaşık 12 ons), 1/2-inç kalınlığında dikdörtgenler halinde uzunlamasına dilimlenmiş

1 demet lahana, durulanmış ve süzülmüş

1 su bardağı konserve ananas parçaları

¼ su bardağı sızma zeytinyağı

Pansuman

2 yemek kaşığı. macadamia fındık yağı

Biftek çeşnisi, McCormick

3 yemek kaşığı Kuru şeri

1 yemek kaşığı. kurutulmuş kekik

hazırlık

Izgarayı orta yüksekliğe kadar önceden ısıtın.

Sebzeyi ¼ fincan yağ ile fırçalayın.

Aşçı

Tuz ve karabiber serpin ve 4 dakika ızgara yapın. taraf başına.

Sebze üzerindeki ızgara izlerini alabilmek için sadece bir kez çevirin.

Tüm pansuman malzemelerini birleştirin.

Sebzenin üzerine gezdirin.

Izgara Karnabahar ve Domates Salatası

İçindekiler:

5 adet karnabahar çiçeği

5 adet Brüksel lahanası

4 büyük domates, kalın dilimlenmiş

¼ su bardağı sızma zeytinyağı

Pansuman Malzemeleri

6 yemek kaşığı zeytin yağı

1 çay kaşığı. sarımsak tozu

Tatmak için deniz tuzu

3 yemek kaşığı damıtılmış beyaz sirke

1 çay kaşığı. Yumurtasız mayonez

hazırlık

Izgarayı orta yüksekliğe kadar önceden ısıtın.

Sebzeyi ¼ fincan yağ ile fırçalayın.

Aşçı

Tuz ve karabiber serpin ve 4 dakika ızgara yapın. taraf başına.

Sebze üzerindeki ızgara izlerini alabilmek için sadece bir kez çevirin.

Tüm pansuman malzemelerini birleştirin.

Sebzenin üzerine gezdirin.

Izgara Kale ve Yeşil Fasulye Salatası

İçindekiler:

8 adet Taze fasulye

1 demet lahana, durulanmış ve süzülmüş

¼ su bardağı sızma zeytinyağı

Pansuman

2 yemek kaşığı. macadamia fındık yağı

Biftek çeşnisi, McCormick

3 yemek kaşığı Kuru şeri

1 yemek kaşığı. kurutulmuş kekik

hazırlık

Izgarayı orta yüksekliğe kadar önceden ısıtın.

Sebzeyi ¼ fincan yağ ile fırçalayın.

Aşçı

Tuz ve karabiber serpin ve 4 dakika ızgara yapın. taraf başına.

Sebze üzerindeki ızgara izlerini alabilmek için sadece bir kez çevirin.

Tüm pansuman malzemelerini birleştirin.

Sebzenin üzerine gezdirin.

Izgara Fasulye ve Karnabahar Salatası

İçindekiler:

8 adet Taze fasulye

7 brokoli çiçeği

12 ons patlıcan (toplamda yaklaşık 12 ons), 1/2-inç kalınlığında dikdörtgenler halinde uzunlamasına dilimlenmiş

4 büyük domates, kalın dilimlenmiş

5 adet karnabahar çiçeği

¼ fincan macadamia fındık yağı

Pansuman Malzemeleri

6 yemek kaşığı sızma zeytinyağı

Tatmak için deniz tuzu

3 yemek kaşığı elma sirkesi

1 yemek kaşığı. Bal

1 çay kaşığı. Yumurtasız mayonez

hazırlık

Izgarayı orta yüksekliğe kadar önceden ısıtın.

Sebzeyi ¼ fincan yağ ile fırçalayın.

Aşçı

Tuz ve karabiber serpin ve 4 dakika ızgara yapın. taraf başına.

Sebze üzerindeki ızgara izlerini alabilmek için sadece bir kez çevirin.

Tüm pansuman malzemelerini birleştirin.

Sebzenin üzerine gezdirin.

Izgara Patlıcan Havuç ve Su Teresi Salatası

İçindekiler:

12 ons patlıcan (toplamda yaklaşık 12 ons), 1/2-inç kalınlığında dikdörtgenler halinde uzunlamasına dilimlenmiş

5 bebek havuç

1 demet su teresi, durulanmış ve süzülmüş 1 demet hindiba

1/4 su bardağı sızma zeytinyağı

Pansuman Malzemeleri

6 yemek kaşığı zeytin yağı

3 çizgi Tabasco acı sos

Tatmak için deniz tuzu

3 yemek kaşığı beyaz şarap sirkesi

1 çay kaşığı. Yumurtasız mayonez

hazırlık

Izgarayı orta yüksekliğe kadar önceden ısıtın.

Sebzeyi ¼ fincan yağ ile fırçalayın.

Aşçı

Tuz ve karabiber serpin ve 4 dakika ızgara yapın. taraf başına.

Sebze üzerindeki ızgara izlerini alabilmek için sadece bir kez çevirin.

Tüm pansuman malzemelerini birleştirin.

Sebzenin üzerine gezdirin.

Izgara Havuç Hindiba ve Su Teresi Salatası

İçindekiler:

5 bebek havuç

1 demet su teresi, durulanmış ve süzülmüş

1 demet hindiba

1/4 su bardağı sızma zeytinyağı

Pansuman Malzemeleri

6 yemek kaşığı sızma zeytinyağı

Tatmak için deniz tuzu

3 yemek kaşığı elma sirkesi

1 yemek kaşığı. Bal

1 çay kaşığı. Yumurtasız mayonez

hazırlık

Izgarayı orta yüksekliğe kadar önceden ısıtın.

Sebzeyi ¼ fincan yağ ile fırçalayın.

Aşçı

Tuz ve karabiber serpin ve 4 dakika ızgara yapın. taraf başına.

Sebze üzerindeki ızgara izlerini alabilmek için sadece bir kez çevirin.

Tüm pansuman malzemelerini birleştirin.

Sebzenin üzerine gezdirin.

Izgara Patlıcan ve Bebek Havuç Salatası

İçindekiler:

12 ons patlıcan (toplamda yaklaşık 12 ons), 1/2-inç kalınlığında dikdörtgenler halinde uzunlamasına dilimlenmiş

5 bebek havuç

1 demet su teresi, durulanmış ve süzülmüş

1/4 su bardağı sızma zeytinyağı

Pansuman Malzemeleri

4 yemek kaşığı zeytin yağı

Biftek çeşnisi, McCormick

2 yemek kaşığı. Beyaz sirke

1 yemek kaşığı. kurutulmuş kekik

1/2 çay kaşığı. Deniz tuzu

hazırlık

Izgarayı orta yüksekliğe kadar önceden ısıtın.

Sebzeyi ¼ fincan yağ ile fırçalayın.

Aşçı

Tuz ve karabiber serpin ve 4 dakika ızgara yapın. taraf başına.

Sebze üzerindeki ızgara izlerini alabilmek için sadece bir kez çevirin.

Tüm pansuman malzemelerini birleştirin.

Sebzenin üzerine gezdirin.

Izgara Su Teresi Bebek Havuç ve Yeşil Fasulye Salatası

İçindekiler:

8 adet Taze fasulye

5 bebek havuç

1 demet su teresi, durulanmış ve süzülmüş

1 demet hindiba

1/4 su bardağı sızma zeytinyağı

Pansuman Malzemeleri

6 yemek kaşığı zeytin yağı

3 çizgi Tabasco acı sos

Tatmak için deniz tuzu

3 yemek kaşığı beyaz şarap sirkesi

1 çay kaşığı. Yumurtasız mayonez

hazırlık

Izgarayı orta yüksekliğe kadar önceden ısıtın.

Sebzeyi ¼ fincan yağ ile fırçalayın.

Aşçı

Tuz ve karabiber serpin ve 4 dakika ızgara yapın. taraf başına.

Sebze üzerindeki ızgara izlerini alabilmek için sadece bir kez çevirin.

Tüm pansuman malzemelerini birleştirin.

Sebzenin üzerine gezdirin.

Izgara Mısır ve Enginar Salatası

İçindekiler:

10 ons patlıcan (toplamda yaklaşık 12 ons), 1/2-inç kalınlığında dikdörtgenler halinde uzunlamasına dilimlenmiş

10 parça. kırmızı üzüm

1/2 su bardağı konserve mısır

1 su bardağı konserve enginar

1 demet hindiba

1/4 su bardağı sızma zeytinyağı

Pansuman Malzemeleri

6 yemek kaşığı zeytin yağı

1 çay kaşığı. sarımsak tozu

Tatmak için deniz tuzu

3 yemek kaşığı damıtılmış beyaz sirke

1 çay kaşığı. Yumurtasız mayonez

hazırlık

Izgarayı orta yüksekliğe kadar önceden ısıtın.

Sebzeyi ¼ fincan yağ ile fırçalayın.

Aşçı

Tuz ve karabiber serpin ve 4 dakika ızgara yapın. taraf başına.

Sebze üzerindeki ızgara izlerini alabilmek için sadece bir kez çevirin.

Tüm pansuman malzemelerini birleştirin.

Sebze ve meyvelerin üzerine gezdirin.

Izgara Marul Enginar Kalbi ve Mısır Salatası

İçindekiler:

1/2 su bardağı konserve mısır

1 su bardağı konserve enginar kalbi

1 demet Boston marulu

1/4 su bardağı sızma zeytinyağı

Pansuman

2 yemek kaşığı. macadamia fındık yağı

Biftek çeşnisi, McCormick

3 yemek kaşığı Kuru şeri

1 yemek kaşığı. kurutulmuş kekik

hazırlık

Izgarayı orta yüksekliğe kadar önceden ısıtın.

Sebzeyi ¼ fincan yağ ile fırçalayın.

Aşçı

Tuz ve karabiber serpin ve 4 dakika ızgara yapın. taraf başına.

Sebze üzerindeki ızgara izlerini alabilmek için sadece bir kez çevirin.

Tüm pansuman malzemelerini birleştirin.

Sebzenin üzerine gezdirin.

Izgara Kırmızı Lahana ve Vişne Salatası

İçindekiler:

8 adet Taze fasulye

1/2 orta boy kırmızı lahana, ince dilimlenmiş

1/4 su bardağı kiraz

4 büyük domates, kalın dilimlenmiş

¼ fincan macadamia fındık yağı

Pansuman Malzemeleri

6 yemek kaşığı sızma zeytinyağı

Tatmak için deniz tuzu

3 yemek kaşığı elma sirkesi

1 yemek kaşığı. Bal

1 çay kaşığı. Yumurtasız mayonez

hazırlık

Izgarayı orta yüksekliğe kadar önceden ısıtın.

Sebzeyi ¼ fincan yağ ile fırçalayın.

Aşçı

Tuz ve karabiber serpin ve 4 dakika ızgara yapın. taraf başına.

Sebze üzerindeki ızgara izlerini alabilmek için sadece bir kez çevirin.

Tüm pansuman malzemelerini birleştirin.

Sebzenin üzerine gezdirin.

Izgara Karnabahar Bebek Havuç ve Su Teresi Salatası

İçindekiler:

5 adet karnabahar çiçeği

5 bebek havuç

1 demet su teresi, durulanmış ve süzülmüş

7 brokoli çiçeği

Pansuman Malzemeleri

4 yemek kaşığı zeytin yağı

Biftek çeşnisi, McCormick

2 yemek kaşığı. Beyaz sirke

1 yemek kaşığı. kurutulmuş kekik

1/2 çay kaşığı. Deniz tuzu

hazırlık

Izgarayı orta yüksekliğe kadar önceden ısıtın.

Sebzeyi ¼ fincan yağ ile fırçalayın.

Aşçı

Tuz ve karabiber serpin ve 4 dakika ızgara yapın. taraf başına.

Sebze üzerindeki ızgara izlerini alabilmek için sadece bir kez çevirin.

Tüm pansuman malzemelerini birleştirin.

Sebzenin üzerine gezdirin.

Izgara Boston Marul ve Kabak Salatası

İçindekiler:

12 ons patlıcan (toplamda yaklaşık 12 ons), 1/2-inç kalınlığında dikdörtgenler halinde uzunlamasına dilimlenmiş

1 parça. Kabak, uzunlamasına kesin ve ikiye bölün

4 büyük domates, kalın dilimlenmiş

5 adet karnabahar çiçeği

1 demet Boston marulu

1/4 su bardağı sızma zeytinyağı

Pansuman

2 yemek kaşığı. macadamia fındık yağı

Biftek çeşnisi, McCormick

3 yemek kaşığı Kuru şeri

1 yemek kaşığı. kurutulmuş kekik

hazırlık

Izgarayı orta yüksekliğe kadar önceden ısıtın.

Sebzeyi ¼ fincan yağ ile fırçalayın.

Aşçı

Tuz ve karabiber serpin ve 4 dakika ızgara yapın. taraf başına.

Sebze üzerindeki ızgara izlerini alabilmek için sadece bir kez çevirin.

Tüm pansuman malzemelerini birleştirin.

Sebzenin üzerine gezdirin.

Izgara Napa Lahana Enginar Kalbi ve Boston Marul Salatası

İçindekiler:

1 su bardağı konserve enginar kalbi

1/2 orta boy Napa lahana, ince dilimlenmiş

1 demet Boston marulu

1/4 su bardağı sızma zeytinyağı

Pansuman Malzemeleri

6 yemek kaşığı zeytin yağı

1 çay kaşığı. sarımsak tozu

Tatmak için deniz tuzu

3 yemek kaşığı damıtılmış beyaz sirke

1 çay kaşığı. Yumurtasız mayonez

hazırlık

Izgarayı orta yüksekliğe kadar önceden ısıtın.

Sebzeyi ¼ fincan yağ ile fırçalayın.

Aşçı

Tuz ve karabiber serpin ve 4 dakika ızgara yapın. taraf başına.

Sebze üzerindeki ızgara izlerini alabilmek için sadece bir kez çevirin.

Tüm pansuman malzemelerini birleştirin.

Sebzenin üzerine gezdirin.

Baharatlı Izgara Enginar Kalbi Salatası

İçindekiler:

1 su bardağı konserve enginar kalbi

1/2 orta boy Napa lahana, ince dilimlenmiş

1 demet Boston marulu

1/4 su bardağı sızma zeytinyağı

Pansuman Malzemeleri

6 yemek kaşığı zeytin yağı

3 çizgi Tabasco acı sos

Tatmak için deniz tuzu

3 yemek kaşığı beyaz şarap sirkesi

1 çay kaşığı. Yumurtasız mayonez

hazırlık

Izgarayı orta yüksekliğe kadar önceden ısıtın.

Sebzeyi ¼ fincan yağ ile fırçalayın.

Aşçı

Tuz ve karabiber serpin ve 4 dakika ızgara yapın. taraf başına.

Sebze üzerindeki ızgara izlerini alabilmek için sadece bir kez çevirin.

Tüm pansuman malzemelerini birleştirin.

Sebzenin üzerine gezdirin.

Izgara Ananas ve Mango Salatası

İçindekiler:

1 su bardağı konserve ananas parçaları

1 su bardağı küp mango

5 adet karnabahar çiçeği

¼ su bardağı sızma zeytinyağı

Pansuman Malzemeleri

6 yemek kaşığı sızma zeytinyağı

Tatmak için deniz tuzu

3 yemek kaşığı elma sirkesi

1 yemek kaşığı. Bal

1 çay kaşığı. Yumurtasız mayonez

hazırlık

Izgarayı orta yüksekliğe kadar önceden ısıtın.

Sebzeyi ¼ fincan yağ ile fırçalayın.

Aşçı

Tuz ve karabiber serpin ve 4 dakika ızgara yapın. taraf başına.

Sebze üzerindeki ızgara izlerini alabilmek için sadece bir kez çevirin.

Tüm pansuman malzemelerini birleştirin.

Sebzenin üzerine gezdirin.

Tropikal Karnabahar Salatası

İçindekiler:

5 adet karnabahar çiçeği

1 su bardağı konserve ananas parçaları

1 su bardağı küp mango

1/4 su bardağı sızma zeytinyağı

Pansuman Malzemeleri

4 yemek kaşığı zeytin yağı

Biftek çeşnisi, McCormick

2 yemek kaşığı. Beyaz sirke

1 yemek kaşığı. kurutulmuş kekik

1/2 çay kaşığı. Deniz tuzu

hazırlık

Izgarayı orta yüksekliğe kadar önceden ısıtın.

Sebzeyi ¼ fincan yağ ile fırçalayın.

Aşçı

Tuz ve karabiber serpin ve 4 dakika ızgara yapın. taraf başına.

Sebze üzerindeki ızgara izlerini alabilmek için sadece bir kez çevirin.

Tüm pansuman malzemelerini birleştirin.

Sebzenin üzerine gezdirin.

Izgara Romaine Marul ve Mango Salatası

İçindekiler:

1 demet Romaine Marul yaprağı

2 orta boy havuç, uzunlamasına kesin ve ikiye bölün

1 su bardağı konserve ananas parçaları

1 su bardağı küp mango

¼ fincan macadamia fındık yağı

Pansuman Malzemeleri

6 yemek kaşığı sızma zeytinyağı

Tatmak için deniz tuzu

3 yemek kaşığı Balzamik sirke

1 çay kaşığı. Dijon hardalı

hazırlık

Izgarayı orta yüksekliğe kadar önceden ısıtın.

Sebzeyi ¼ fincan yağ ile fırçalayın.

Aşçı

Tuz ve karabiber serpin ve 4 dakika ızgara yapın. taraf başına.

Sebze üzerindeki ızgara izlerini alabilmek için sadece bir kez çevirin.

Tüm pansuman malzemelerini birleştirin.

Sebzenin üzerine gezdirin.

Izgara Elma ve Lahana Salatası

İçindekiler:

1 su bardağı küp şeklinde doğranmış Fuji elması

1/2 orta boy kırmızı lahana, ince dilimlenmiş

1/4 su bardağı kiraz

2 orta boy havuç, uzunlamasına kesin ve ikiye bölün

¼ su bardağı sızma zeytinyağı

Pansuman Malzemeleri

6 yemek kaşığı sızma zeytinyağı

Tatmak için deniz tuzu

3 yemek kaşığı Balzamik sirke

1 çay kaşığı. Dijon hardalı

hazırlık

Izgarayı orta yüksekliğe kadar önceden ısıtın.

Sebzeyi ¼ fincan yağ ile fırçalayın.

Aşçı

Tuz ve karabiber serpin ve 4 dakika ızgara yapın. taraf başına.

Sebze üzerindeki ızgara izlerini alabilmek için sadece bir kez çevirin.

Tüm pansuman malzemelerini birleştirin.

Sebzenin üzerine gezdirin.

Izgara Patlıcan Vişne ve Ispanak Salatası

İçindekiler:

12 ons patlıcan (toplamda yaklaşık 12 ons), 1/2-inç kalınlığında dikdörtgenler halinde uzunlamasına dilimlenmiş

1/4 su bardağı kiraz

1 demet ıspanak, yıkanmış ve süzülmüş

12 adet kara üzüm

¼ su bardağı sızma zeytinyağı

Pansuman Malzemeleri

6 yemek kaşığı zeytin yağı

3 çizgi Tabasco acı sos

Tatmak için deniz tuzu

3 yemek kaşığı beyaz şarap sirkesi

1 çay kaşığı. Yumurtasız mayonez

hazırlık

Izgarayı orta yüksekliğe kadar önceden ısıtın.

Sebzeyi ¼ fincan yağ ile fırçalayın.

Aşçı

Tuz ve karabiber serpin ve 4 dakika ızgara yapın. taraf başına.

Sebze üzerindeki ızgara izlerini alabilmek için sadece bir kez çevirin.

Tüm pansuman malzemelerini birleştirin.

Sebzenin üzerine gezdirin.

Izgara Napa Lahana Patlıcan ve Enginar Kalbi

İçindekiler:

12 ons patlıcan (toplamda yaklaşık 12 ons), 1/2-inç kalınlığında dikdörtgenler halinde uzunlamasına dilimlenmiş

4 büyük domates, kalın dilimlenmiş

1/2 su bardağı konserve mısır

1 su bardağı konserve enginar kalbi

1/2 orta boy Napa lahana, ince dilimlenmiş

1/4 su bardağı sızma zeytinyağı

Pansuman Malzemeleri

6 yemek kaşığı zeytin yağı

1 çay kaşığı. sarımsak tozu

Tatmak için deniz tuzu

3 yemek kaşığı damıtılmış beyaz sirke

1 çay kaşığı. Yumurtasız mayonez

hazırlık

Izgarayı orta yüksekliğe kadar önceden ısıtın.

Sebzeyi ¼ fincan yağ ile fırçalayın.

Aşçı

Tuz ve karabiber serpin ve 4 dakika ızgara yapın. taraf başına.

Sebze üzerindeki ızgara izlerini alabilmek için sadece bir kez çevirin.

Tüm pansuman malzemelerini birleştirin.

Sebzenin üzerine gezdirin.

Izgara Su Teresi ve Domates Salatası

İçindekiler:

1 demet su teresi, durulanmış ve süzülmüş

4 büyük domates, kalın dilimlenmiş

5 adet karnabahar çiçeği

¼ su bardağı sızma zeytinyağı

Pansuman Malzemeleri

6 yemek kaşığı sızma zeytinyağı

Tatmak için deniz tuzu

3 yemek kaşığı elma sirkesi

1 yemek kaşığı. Bal

1 çay kaşığı. Yumurtasız mayonez

hazırlık

Izgarayı orta yüksekliğe kadar önceden ısıtın.

Sebzeyi ¼ fincan yağ ile fırçalayın.

Aşçı

Tuz ve karabiber serpin ve 4 dakika ızgara yapın. taraf başına.

Sebze üzerindeki ızgara izlerini alabilmek için sadece bir kez çevirin.

Tüm pansuman malzemelerini birleştirin.

Sebzenin üzerine gezdirin.

Izgara Su Teresi ve Karnabahar Salatası

İçindekiler:

1 demet su teresi, durulanmış ve süzülmüş

5 adet karnabahar çiçeği

¼ su bardağı sızma zeytinyağı

Pansuman Malzemeleri

6 yemek kaşığı sızma zeytinyağı

Tatmak için deniz tuzu

3 yemek kaşığı Balzamik sirke

1 çay kaşığı. Dijon hardalı

hazırlık

Izgarayı orta yüksekliğe kadar önceden ısıtın.

Sebzeyi ¼ fincan yağ ile fırçalayın.

Aşçı

Tuz ve karabiber serpin ve 4 dakika ızgara yapın. taraf başına.

Sebze üzerindeki ızgara izlerini alabilmek için sadece bir kez çevirin.

Tüm pansuman malzemelerini birleştirin.

Sebzenin üzerine gezdirin.

Izgara Karnabahar Brüksel Lahanası ve Su Teresi Salatası

İçindekiler:

5 adet karnabahar çiçeği

5 adet Brüksel lahanası

4 büyük domates, kalın dilimlenmiş

1 demet su teresi, durulanmış ve süzülmüş

1/4 su bardağı sızma zeytinyağı

Pansuman Malzemeleri

6 yemek kaşığı sızma zeytinyağı

Tatmak için deniz tuzu

3 yemek kaşığı Balzamik sirke

1 çay kaşığı. Dijon hardalı

hazırlık

Izgarayı orta yüksekliğe kadar önceden ısıtın.

Sebzeyi ¼ fincan yağ ile fırçalayın.

Aşçı

Tuz ve karabiber serpin ve 4 dakika ızgara yapın. taraf başına.

Sebze üzerindeki ızgara izlerini alabilmek için sadece bir kez çevirin.

Tüm pansuman malzemelerini birleştirin.

Sebzenin üzerine gezdirin.

Izgara Domates ve Şeftali Salatası

İçindekiler:

4 büyük domates, kalın dilimlenmiş

1 su bardağı küp doğranmış şeftali

¼ su bardağı sızma zeytinyağı

Pansuman Malzemeleri

4 yemek kaşığı zeytin yağı

Biftek çeşnisi, McCormick

2 yemek kaşığı. Beyaz sirke

1 yemek kaşığı. kurutulmuş kekik

1/2 çay kaşığı. Deniz tuzu

hazırlık

Izgarayı orta yüksekliğe kadar önceden ısıtın.

Sebzeyi ¼ fincan yağ ile fırçalayın.

Aşçı

Tuz ve karabiber serpin ve 4 dakika ızgara yapın. taraf başına.

Sebze üzerindeki ızgara izlerini alabilmek için sadece bir kez çevirin.

Tüm pansuman malzemelerini birleştirin.

Sebzenin üzerine gezdirin.

Izgara Kabak Şeftali ve Kuşkonmaz Salatası

İçindekiler:

1 su bardağı küp doğranmış şeftali

1 parça. Kabak, uzunlamasına kesin ve ikiye bölün

6 adet Kuşkonmaz

¼ su bardağı sızma zeytinyağı

Pansuman Malzemeleri

6 yemek kaşığı zeytin yağı

3 çizgi Tabasco acı sos

Tatmak için deniz tuzu

3 yemek kaşığı beyaz şarap sirkesi

1 çay kaşığı. Yumurtasız mayonez

hazırlık

Izgarayı orta yüksekliğe kadar önceden ısıtın.

Sebzeyi ¼ fincan yağ ile fırçalayın.

Aşçı

Tuz ve karabiber serpin ve 4 dakika ızgara yapın. taraf başına.

Sebze üzerindeki ızgara izlerini alabilmek için sadece bir kez çevirin.

Tüm pansuman malzemelerini birleştirin.

Sebzenin üzerine gezdirin.

Izgara Kale ve Domates Salatası

İçindekiler:

4 büyük domates, kalın dilimlenmiş

5 adet karnabahar çiçeği

1 demet lahana, durulanmış ve süzülmüş

6 adet Kuşkonmaz

¼ su bardağı sızma zeytinyağı

Pansuman Malzemeleri

6 yemek kaşığı zeytin yağı

1 çay kaşığı. sarımsak tozu

Tatmak için deniz tuzu

3 yemek kaşığı damıtılmış beyaz sirke

1 çay kaşığı. Yumurtasız mayonez

hazırlık

Izgarayı orta yüksekliğe kadar önceden ısıtın.

Sebzeyi ¼ fincan yağ ile fırçalayın.

Aşçı

Tuz ve karabiber serpin ve 4 dakika ızgara yapın. taraf başına.

Sebze üzerindeki ızgara izlerini alabilmek için sadece bir kez çevirin.

Tüm pansuman malzemelerini birleştirin.

Sebzenin üzerine gezdirin.

Izgara Kale ve Karnabahar Salatası

İçindekiler:

1 demet lahana, durulanmış ve süzülmüş

5 adet karnabahar çiçeği

¼ su bardağı sızma zeytinyağı

Pansuman Malzemeleri

4 yemek kaşığı zeytin yağı

Biftek çeşnisi, McCormick

2 yemek kaşığı. Beyaz sirke

1 yemek kaşığı. kurutulmuş kekik

1/2 çay kaşığı. Deniz tuzu

hazırlık

Izgarayı orta yüksekliğe kadar önceden ısıtın.

Sebzeyi ¼ fincan yağ ile fırçalayın.

Aşçı

Tuz ve karabiber serpin ve 4 dakika ızgara yapın. taraf başına.

Sebze üzerindeki ızgara izlerini alabilmek için sadece bir kez çevirin.

Tüm pansuman malzemelerini birleştirin.

Sebzenin üzerine gezdirin.

Ballı Elma Vinaigrette Izgara Patlıcan ve Karalahana

İçindekiler:
11 ons patlıcan (toplamda yaklaşık 12 ons), 1/2-inç kalınlığında dikdörtgenler halinde uzunlamasına dilimlenmiş
1 demet lahana, durulanmış ve süzülmüş
1 demet Boston marulu
1/4 su bardağı sızma zeytinyağı

Pansuman Malzemeleri
6 yemek kaşığı sızma zeytinyağı
Tatmak için deniz tuzu
3 yemek kaşığı elma sirkesi
1 yemek kaşığı. Bal
1 çay kaşığı. Yumurtasız mayonez

hazırlık
Izgarayı orta yüksekliğe kadar önceden ısıtın.

Sebzeyi ¼ fincan yağ ile fırçalayın.

Aşçı

Tuz ve karabiber serpin ve 4 dakika ızgara yapın. taraf başına.

Sebze üzerindeki ızgara izlerini alabilmek için sadece bir kez çevirin.

Tüm pansuman malzemelerini birleştirin.

Sebzenin üzerine gezdirin.

Balzamik Soslu Izgara Karalahana ve Karnabahar Salatası

İçindekiler:

5 adet karnabahar çiçeği

1 demet lahana, durulanmış ve süzülmüş

¼ su bardağı sızma zeytinyağı

Pansuman Malzemeleri

6 yemek kaşığı sızma zeytinyağı

Tatmak için deniz tuzu

3 yemek kaşığı Balzamik sirke

1 çay kaşığı. Dijon hardalı

hazırlık

Izgarayı orta yüksekliğe kadar önceden ısıtın.

Sebzeyi ¼ fincan yağ ile fırçalayın.

Aşçı

Tuz ve karabiber serpin ve 4 dakika ızgara yapın. taraf başına.

Sebze üzerindeki ızgara izlerini alabilmek için sadece bir kez çevirin.

Tüm pansuman malzemelerini birleştirin.

Sebzenin üzerine gezdirin.

Izgara Ananas ve Patlıcan Salatası

İçindekiler:

12 ons patlıcan (toplamda yaklaşık 12 ons), 1/2-inç kalınlığında dikdörtgenler halinde uzunlamasına dilimlenmiş

1 su bardağı konserve ananas parçaları

5 adet karnabahar çiçeği

¼ su bardağı sızma zeytinyağı

Pansuman Malzemeleri

6 yemek kaşığı zeytin yağı

3 çizgi Tabasco acı sos

Tatmak için deniz tuzu

3 yemek kaşığı beyaz şarap sirkesi

1 çay kaşığı. Yumurtasız mayonez

hazırlık

Izgarayı orta yüksekliğe kadar önceden ısıtın.

Sebzeyi ¼ fincan yağ ile fırçalayın.

Aşçı

Tuz ve karabiber serpin ve 4 dakika ızgara yapın. taraf başına.

Sebze üzerindeki ızgara izlerini alabilmek için sadece bir kez çevirin.

Tüm pansuman malzemelerini birleştirin.

Sebzenin üzerine gezdirin.

Izgara Mango Elma ve Kabak Salatası

İçindekiler:

1 su bardağı küp mango

1 su bardağı küp şeklinde doğranmış Fuji elması

1 parça. Kabak, uzunlamasına kesin ve ikiye bölün

1 demet Boston marulu

1/4 su bardağı sızma zeytinyağı

Pansuman Malzemeleri

6 yemek kaşığı zeytin yağı

1 çay kaşığı. sarımsak tozu

Tatmak için deniz tuzu

3 yemek kaşığı damıtılmış beyaz sirke

1 çay kaşığı. Yumurtasız mayonez

hazırlık

Izgarayı orta yüksekliğe kadar önceden ısıtın.

Sebzeyi ¼ fincan yağ ile fırçalayın.

Aşçı

Tuz ve karabiber serpin ve 4 dakika ızgara yapın. taraf başına.

Sebze üzerindeki ızgara izlerini alabilmek için sadece bir kez çevirin.

Tüm pansuman malzemelerini birleştirin.

Sebzenin üzerine gezdirin.

Izgara Mangolu Elma ve Balzamik Soslu Domates Salatası

İçindekiler:

1 su bardağı küp mango

1 su bardağı küp şeklinde doğranmış Fuji elması

4 büyük domates, kalın dilimlenmiş

5 adet karnabahar çiçeği

¼ su bardağı sızma zeytinyağı

Pansuman Malzemeleri

6 yemek kaşığı sızma zeytinyağı

Tatmak için deniz tuzu

3 yemek kaşığı Balzamik sirke

1 çay kaşığı. Dijon hardalı

hazırlık

Izgarayı orta yüksekliğe kadar önceden ısıtın.

Sebzeyi ¼ fincan yağ ile fırçalayın.

Aşçı

Tuz ve karabiber serpin ve 4 dakika ızgara yapın. taraf başına.

Sebze üzerindeki ızgara izlerini alabilmek için sadece bir kez çevirin.

Tüm pansuman malzemelerini birleştirin.

Sebzenin üzerine gezdirin.

Izgara Brokoli ve Yeşil Fasulye Salatası

İçindekiler:

8 adet Taze fasulye

7 brokoli çiçeği

8 ons patlıcan (toplamda yaklaşık 12 ons), 1/2-inç kalınlığında dikdörtgenler halinde uzunlamasına dilimlenmiş

4 büyük domates, kalın dilimlenmiş

¼ su bardağı sızma zeytinyağı

Pansuman Malzemeleri

6 yemek kaşığı sızma zeytinyağı

Tatmak için deniz tuzu

3 yemek kaşığı elma sirkesi

1 yemek kaşığı. Bal

1 çay kaşığı. Yumurtasız mayonez

hazırlık

Izgarayı orta yüksekliğe kadar önceden ısıtın.

Sebzeyi ¼ fincan yağ ile fırçalayın.

Aşçı

Tuz ve karabiber serpin ve 4 dakika ızgara yapın. taraf başına.

Sebze üzerindeki ızgara izlerini alabilmek için sadece bir kez çevirin.

Tüm pansuman malzemelerini birleştirin.

Sebzenin üzerine gezdirin.

Izgara Ispanak ve Patlıcan Salatası

İçindekiler:

12 ons patlıcan (toplamda yaklaşık 12 ons), 1/2-inç kalınlığında dikdörtgenler halinde uzunlamasına dilimlenmiş

4 büyük domates, kalın dilimlenmiş

1 demet ıspanak, yıkanmış ve süzülmüş

¼ su bardağı sızma zeytinyağı

Pansuman Malzemeleri

4 yemek kaşığı zeytin yağı

Biftek çeşnisi, McCormick

2 yemek kaşığı. Beyaz sirke

1 yemek kaşığı. kurutulmuş kekik

1/2 çay kaşığı. Deniz tuzu

hazırlık

Izgarayı orta yüksekliğe kadar önceden ısıtın.

Sebzeyi ¼ fincan yağ ile fırçalayın.

Aşçı

Tuz ve karabiber serpin ve 4 dakika ızgara yapın. taraf başına.

Sebze üzerindeki ızgara izlerini alabilmek için sadece bir kez çevirin.

Tüm pansuman malzemelerini birleştirin.

Sebzenin üzerine gezdirin.

Izgara Havuç Su Teresi ve Lahana Salatası

İçindekiler:

5 bebek havuç

1 demet su teresi, durulanmış ve süzülmüş

1 demet lahana, durulanmış ve süzülmüş

¼ su bardağı sızma zeytinyağı

Pansuman Malzemeleri

6 yemek kaşığı zeytin yağı

3 çizgi Tabasco acı sos

Tatmak için deniz tuzu

3 yemek kaşığı beyaz şarap sirkesi

1 çay kaşığı. Yumurtasız mayonez

hazırlık

Izgarayı orta yüksekliğe kadar önceden ısıtın.

Sebzeyi ¼ fincan yağ ile fırçalayın.

Aşçı

Tuz ve karabiber serpin ve 4 dakika ızgara yapın. taraf başına.

Sebze üzerindeki ızgara izlerini alabilmek için sadece bir kez çevirin.

Tüm pansuman malzemelerini birleştirin.

Sebzenin üzerine gezdirin.

Izgara Boston Marul Havuç ve Su Teresi Salatası

İçindekiler:

5 bebek havuç

1 demet su teresi, durulanmış ve süzülmüş

1 demet lahana, durulanmış ve süzülmüş

1 demet Boston marulu

1/4 su bardağı sızma zeytinyağı

Pansuman Malzemeleri

6 yemek kaşığı zeytin yağı

1 çay kaşığı. sarımsak tozu

Tatmak için deniz tuzu

3 yemek kaşığı damıtılmış beyaz sirke

1 çay kaşığı. Yumurtasız mayonez

hazırlık

Izgarayı orta yüksekliğe kadar önceden ısıtın.

Sebzeyi ¼ fincan yağ ile fırçalayın.

Aşçı

Tuz ve karabiber serpin ve 4 dakika ızgara yapın. taraf başına.

Sebze üzerindeki ızgara izlerini alabilmek için sadece bir kez çevirin.

Tüm pansuman malzemelerini birleştirin.

Sebzenin üzerine gezdirin.

Izgara Mısır ve Lahana Salatası

İçindekiler:

1 bütün mısır

1 demet lahana, durulanmış ve süzülmüş

1 su bardağı konserve enginar kalbi

6 adet Kuşkonmaz

¼ su bardağı sızma zeytinyağı

Pansuman Malzemeleri

6 yemek kaşığı sızma zeytinyağı

Tatmak için deniz tuzu

3 yemek kaşığı elma sirkesi

1 yemek kaşığı. Bal

1 çay kaşığı. Yumurtasız mayonez

hazırlık

Izgarayı orta yüksekliğe kadar önceden ısıtın.

Sebzeyi ¼ fincan yağ ile fırçalayın.

Aşçı

Tuz ve karabiber serpin ve 4 dakika ızgara yapın. taraf başına.

Sebze üzerindeki ızgara izlerini alabilmek için sadece bir kez çevirin.

Tüm pansuman malzemelerini birleştirin.

Sebzenin üzerine gezdirin.

www.ingramcontent.com/pod-product-compliance
Lightning Source LLC
Chambersburg PA
CBHW070407120526
44590CB00014B/1292